子どもを億万長者にしたければプログラミングの基礎を教えなさい

松林弘治
Kohji Matsubayashi

Teach your kids to code
to turn them into billionaires

装丁／本文デザイン　青木青虫（ムシカゴグラフィクス）
カバー写真　Stone/Getty Images　　DTP　小川卓也（木蔭屋）
校正　石上博美　　図版　永野雅子　　編集　新 淳一

オバマ大統領がアメリカの若者に向けて
メッセージを送りました。
スマホゲームで遊ぶ代わりに、
スマホゲームを
プログラミングしてみませんか？と。

Teach your kids to code
to turn them into billionaires

理由は何でしょうか？
儲かるから？
将来が明るくなるから？
確かにビジネスで成功した人の中には、
プログラミングできた人が何人もいます。

実はアメリカに限らず
様々な国が、
子どものプログラミング教育に
力を入れはじめています。
すでにこの日本でも。

「

プログラミング教育が
重視されるのは、
経済的な目的のほかにも
教育効果が期待されるからです。
子どもを持つ親として
静観していていいのでしょうか？

」

でも、自分は
プログラミング経験がないし、
どうしていいかわからないと
思っていませんか？
何も知らずに助言を与えることは
現実的に難しいかもしれません。

しかし、プログラミングの基礎は
決して難しくありません。
本書で概念を一気に理解し、
最新の教育事情を把握して
子どもと一緒に学んでみましょう。

プログラミングは
とってもおもしろいもの！
楽しさを知った子どもは、
自ら上を目指して
駆け上がっていくのです。

［はじめに］　なぜ子どもにプログラミングを教えるのか

最近「子どもへのプログラミング教育」という話題を目にする機会が増えてきました。大成功を収め億万長者となったＩＴ系企業の創業者のエピソードとして、若い頃よりプログラミングにのめり込み、得意としていた――そんな話も様々なメディアで取り上げられています。「第二のビル・ゲイツやマーク・ザッカーバーグを日本から生み出すために、子どもにプログラミングを」と語る人もいます。

また最近、プログラミングが日本の義務教育に近々取り入れられるかもしれない、というニュースも流れました。都市部を中心に、小中高生向けのプログラミング教室が次々に開校しています。親子で参加するワークショップ（体験型の講座）でも、プログラミングやロボットのコースが大人気です。

それにしても、必ずしも将来、コンピューター関連のエンジニアになるわけでもない子どもに、どうしてプログラミングを教えようという機運が高まっているのでしょうか。

21世紀の現代、コンピューターは日常生活の隅々にまで浸透しています。コンピューターなしの生活など考えられないほどです。パソコンやスマートフォン、タブレットのような「コンピューター然」としたものならいざ知らず、そうでないものにまでコンピューターが埋め込まれ、我々の気づかないところで働いています。

炊飯器や電子レンジ、冷蔵庫、エアコン、洗濯機。テレビや録画機にカメラ。ロボット掃除機に、風呂の自動給湯器、体重計に体組成計など、家の中だけでも枚挙にいとまがありません。まさにコンピューターに囲まれた生活です。スーパーのレジだって、銀行のATMだって、ネットショッピングだって、コンピューターなしでは成り立ちません。

そんな中、読み書きや計算と同じように、コンピューターやプログラミングの学習も一般教養として必要ではないか、という考えが世界中で広まっています。国家の取り組みとして、小学校からのプログラミング教育を推進したり、中高生にコンピューター科学をしっかり教えようとしたり。そんな国も増えているのです。

一方で、プログラミングが持つ「子どもの創造力を育むツール」としての側面も注目されています。自分でプログラムを組み立て、思い通りに動かすことは、まさに創作活動そのもの。ただコンピューターを使っているだけでは得られない、モノ作りの醍醐味がそこにはあります。

自ら考え、組み立て、楽しめる「プログラミング」は、決してプログラマーになるための技術訓練ではなく、子どもの可能性を広げる知育玩具のようなものです。そして今では、小学校低学年の生徒や未就学児でもプログラミングを体験できる環境が揃っています。大人顔負けのプログラムをどんどん作り、腕を競っている中高生も少なくありません。

自分はプログラミングなんてしたことはないが、子どもにはプログラミングへの興味を持ってもらいたい。親がもしそう思ったとしたら、どうすればいいだろう。本書が生まれるきっかけは、そのような問いかけでした。

そもそもプログラミングっていったい何だろう。コンピューターってどうやって動いているんだろう。日常生活や仕事とプログラミングはどんな風にかかわっているんだろう。プログラミングってどうやって学びはじめたらいいのだろう。

そんな疑問に対するなんらかのイメージが持てるように、様々な角度から情報を提供することを目指しました。プログラミングの本質が伝わるよう、工夫を凝らしています。

プログラミングを学ぶのに早い、遅いはありません。読者の皆さんが、お子さんと一緒に考え、学び、毎日の仕事や生活、遊びの中に隠れている「プログラミング的なもの」を見つける。コンピューターの本質を少しでも理解できるようになる。そして楽しみにあふれたプログラミングの世界に飛び込めるよう背中を押す。本書を通じて、そのお手伝いができればと願っています。

私はこれまでエンジニア・OS開発者として企業や学校などのシステム開発・改修やコンサルティング、あるいは技術書の執筆・監修などに従事してきました。ある意味、技術者と利用者、発注者の橋渡し役として、相手がわかる言葉で情報を伝え、コミュニケーションを成立させることが仕事の一つです。

本書はプログラミングの入門書や技術書ではありません。実際のプログラムコードは一切出てこないのです。それでもプログラミングの世界の雰囲気をつかんでもらえるよう、平易な説明に心を砕きました。そのため、すでに世界を知るエンジニアやプログラマーの方には、本書の内容は物足りなく感じられるかもしれません。

その代わり、プログラミング教育にまつわる情報を幅広く取り上げています。順番を気にせず読み進められるよう、各章はできるだけ独立した話になるように気をつけました。目次をご覧になって、興味を持ったところから自由に読み進めていただければと思います。

では、お子さんと一緒にプログラミングを取り巻く刺激的な世界をのぞいてみましょう。

松林弘治

子どもを億万長者にしたければプログラミングの基礎を教えなさい

contents

第4章 基礎を理解して興味を持たせる

第5章 プログラミングを学んでみよう

第6章 子どもが将来も意欲的に取り組めるように

第1章

子どもをビジネスで成功させる近道は「プログラミング」だ

Teach your kids to code
to turn them into billionaires

オバマ大統領が、ジョブズが、プログラミングを推奨

アメリカ合衆国のバラク・オバマ大統領が２０１３年、国民に向けて次のようなビデオメッセージを公開しました。


コンピューター科学のスキルを学ぶことは、あなたの将来に役立つだけでなく、我が国の将来のためにも大切です。

我が国がこれからも世界の最先端であり続けるために、皆さんのような若い人たちに、テクノロジーやツールを習得してもらい、私たちの生活を変えていってほしいのです。

皆さんもぜひ、この流れに参加してください。

ビデオゲームを買う代わりに、ビデオゲームを作ってみませんか？

最新のアプリをダウンロードする代わりに、アプリをデザインしてみませんか？

スマホゲームで遊ぶ代わりに、スマホゲームをプログラミングしてみませんか？

2013年9月、国民に向けてメッセージを送ったオバマ大統領
President Obama asks America to learn computer science
https://www.youtube.com/watch?v=6XvmhE1J9PY

このメッセージは、２０１３年12月9～15日に開催された**コンピューター科学教育週間**(Computer Science Education Week)に寄せられたものです。コンピューター科学教育週間を主催するのはＮＰＯの「Code《コード》.org《オルグ》」という組織。「コンピューター科学の教育をもっと世界中に広めよう」「幼稚園児～小中高生のみならず、すべての老若男女にプログラミングというものについて知ってもらい興味を持ってもらおう」ということを目的としています。期間中には、アメリカ国内にとどまらず、世界の１

70の国や地域から約1500万人が参加し、累計で5億行のプログラムコードが書かれたといいます。2014年も12月8〜14日に実施され、同様の盛り上がりを見せました。

かたやアップルの共同創業者であるカリスマ、故スティーブ・ジョブズ（1955〜2011）も、1995年に行われたインタビューにおいて、プログラミングの重要性について次のように語っています（このインタビューは2011年に『スティーブ・ジョブズ1995〜失われたインタビュー〜』というドキュメンタリー映画になりました）。

私たち自身の思考プロセスを映し出す手段としてプログラミングを行っていました。すなわち、プログラミングを通じて、考え方を学んでいたのです。だから誰もがプログラミングを学ぶべきだと思うのです。私にとってコンピューター科学とはリベラルアート（一般教養）であり、誰もが学ぶべきものだと考えます。

ジョブズは、ただ単に「技術・技能としてのプログラミングを学ぼう」と言っているわけではありません。プログラミングやコンピューター科学を学ぶことで、「多くのことに気づくかもしれない」「様々な可能性が開けるかもしれない」という観点から語っている点は特筆すべきでしょう。

プログラミングができた経営者たち

彼らがプログラミングを推奨する理由は、「経済的な成功」にあるのでしょうか。確かに「成功した経営者が、実はプログラミングのできる人だった」というケースは多くあります。

マイクロソフトの創業者ビル・ゲイツ（推定資産８１０億ドル）、フェイスブックの創業者マーク・ザッカーバーグ（推定資産３４０億ドル）、ツイッターやスクエア（スマートフォンで手軽にカード決済できるシステムを提供するサービス）のジャック・ドーシー（推定資産27億ドル）、そしてアップルの創業者スティーブ・ジョブズ（推定資産70億ドル）など。いわゆる「ＩＴ長者」（ＩＴ：Information Technology・情報技術）と呼ばれる、テクノロジー系企業を立ち上げて成功した人々の多くは、若き日にプログラミングを学び、エンジニア的な素養を身につけていきました。

ビル・ゲイツは、中学生のときにプログラミングを始め、高校生のときには友人とトラフォデータという会社を設立、プログラミングを仕事としていました。１９７５年、20歳のときに友人のエンジニア、ポール・アレンとともに、「BASIC《ベーシック》」というプログラミング言語を様々なコンピューター向けに移植するビジネスを立ち上げ、**マイクロソフト**を創業しました。同社のその後の圧倒的な成功は誰もが知るところです。

マーク・ザッカーバーグも、中学生のときに父親からプログラミング言語BASICを教えられ、また父親は息子マークのためにプログラミングの個人教師を雇ったりしたそうです。その結果、マークは歯科医であった父親の歯科医院と自宅の間でチャットをする「ZuckNet《ザックネット》」というソフトウェアを開発。高校生のときには利用者の嗜好に合わせて次に聴く曲を提案してくれる音楽プレーヤー「Synapse《シナプス》 Media《メディア》 Player《プレーヤー》」を作り、発表しました。そして２００４年2月、当時は「The《ザ》facebook《フェイスブック》」という名前でしたが、ハーバード大学の学生交流サイトとして現在の「Facebook《フェイスブック》」につながるサイトを開発、公開しました。

ジャック・ドーシーは、８歳でコンピューターに触れ、13歳のときにはタクシーや救急車などの運行管理システムのプログラムを自ら書きました。そのシステムは現在でもアメリカのタクシー運行管理に使われているといいます。そういった経験の中から、短いメッセージをみんなでやりとりし共有する「Twitter《ツイッター》」というシステムのアイデアを思いついたのです。

こうしたエピソードを聞くと、彼らは若くからプログラミングにのめり込み、天才的なプログラミング能力を身につけたから成功したのだろうと思うかもしれません。自分や、自分の子どもとはまったく縁のない話だと。でも、必ずしもそんなことはありません。

スティーブ・ジョブズは、プログラミングそのものに対する天性の才能があったわけではないとよくいわれます。しかし、技術に基づいた市場判断・意思決定でほかの追随を許さない天才的な才能を発揮しました。そんなジョブズのかたわらには学生時代から、のちに**アップル**を共同設立することになる天才エンジニア、**スティーブ・ウォズニアック**がいました。

意気投合した二人は１９７１年、高校生のときに長距離電話を無料で(不正に)かける装置を開発して販売。１９７５年にはジョブズが就職したビデオゲームメーカー・アタリで、ジョブズに課せられた「ゲーム機回路の部品数削減」をウォズニアックに依頼したこともあります。そして、１９７６年に設立したアップルコンピュータでは、ウォズニアックがほぼ独力で最初のコンピューター「Apple I」や、大ヒットとなった「Apple II」を開発しました。そのそばにジョブズがいたのです。

ひと言で「成功した経営者が、実はプログラミングできた」といっても、そのプログラミング能力の程度は様々です。ただ共通して、彼らが若くして自らプログラミングに興味を持ち、学校の授業とは関係なく自ら腕を磨いたり情報を集めたりすることで、将来の成功の種を育んでいたことがわかります。

インスタグラムの成功とプログラミングスキル

もう一つ、私が知り合った人たちの例を紹介しましょう。2010年10月に登場し、たった2ヵ月で100万人を超える登録ユーザーを獲得した「Instagram《インスタグラム》」という写真共有サービスがあります。その後の利用者数は、2013年9月時点で1億5000万人、2014年12月時点ではなんと3億人を超えるほどに成長しました。この瞬間にも毎秒数十枚から数百枚の写真が投稿され続けています。

このアプリを開発した企業、インスタグラムは2012年4月に10億円という大金でフェイスブックに買収され、一躍、時の企業になりました。わずか1年半で10億円もの価値を生んだことになります。

共同創業者の**ケヴィン・システロム**と**マイク・クリーガー**も、先ほどの経営者たちと同様、共にエンジニア的センスを備えていました。ただし、ケヴィンはプログラミングに触れた時期こそ「2歳」と圧倒的に早かったのですが、プログラミングにどっぷり浸かった学生時代を送ったわけではありません。彼は大学で経営科学・経営工学を学び、卒業後にツイッターの前身であるオデオに就職。昼はマーケティングの仕事を、夜は独学でプログラミングを勉強していました。

Instagramは、スマートフォンで撮影した写真や短い動画を様々なフィルター効果を使って美しく仕上げ、手軽にネット共有できるアプリ

その後グーグルに転職し、「Gmail《ジーメール》」や「Google《グーグル》 Calendar《カレンダー》」などでマーケティングマネージャーを2年間務めたのち退職。同様に生粋のプログラマーというわけではない、コンピューターの使いやすさやデザインについて大学で学んだマイクと合流

し、チェックイン・写真共有・ゲームなどの総合サービス「Burbon《バーボン》」の開発に没頭します。しかし、よりシンプルな機能に徹し、スマートフォンだけで使えるサービスを作ったほうがいいと考え、ソーシャル写真共有サービス「Instagram」のアイデアを思いつきました。そこでBurbonから写真共有以外の部分をそぎ落とし、たった8週間という期間、たった二人でInstagramアプリとサーバー部分を完成させたのです。そして、２０１０年10月6日のアプリ公開後、驚くべき早さで膨大なユーザーを抱えることになりました。

実は私自身、２０１０年10月31日からInstagramを使いはじめたユーザーの一人でした。そして、２０１０年11月19日にケヴィンがInstagram上に写真として載せた「ボランティア翻訳者募集」の投稿を見て応募したのがきっかけで、以来、２０１２年末頃までずっと一人でInstagram日本語版の翻訳を担当した経験があります。

ケヴィン、マイク、そしてコミュニティマネージャーだったジョッシュ・リーデルらと頻繁にメールを通じて議論できたのは、とても楽しい体験でした。そして3人との交流を通してわかったのは、彼らは決して天才的な能力を備えた生粋のプログラマータイプではなさそうなこと。むしろ、新しいサービスをプログラムで創り出したいという強い意欲にあふれる若者たち(当時、20代中頃)なのだということです。

彼らがこうした成功を収められた要因は何だったのでしょうか。もちろん、創業者の二人が、よりシンプルな、よりユーザーに訴求するサービスを思いついたことが何よりも大きいでしょう。しかしそれ以上に、二人がアプリ開発できるレベルのプログラミングスキルを備え、学び続けていたことが重要だったと考えます。

二人は、プログラミングにどっぷり浸かって生きてきたタイプではありません。しかし、独学でプログラミングを学び、結果としてほかの会社などに開発を頼むことなく、自分たちで思いついたアイデアを短期間で形にできるスキルを身につけていました。自分たちの手で実際のアプリとしてあっという間に作り上げられたのです。そのスピード感は、プログラミングのスキルなしでは成しえませんでした。

毎年、毎月、それどころか毎日といったレベルで技術が進歩し、新しいアイデアが生まれるこの時代。少しでも製品のリリースが遅れると、別の会社に出し抜かれてしまう恐れがあります。Instagram の成功の裏には、「思いついたことをすぐにプログラミングでき、すぐに製品という形にできた」こと。つまり創業者二人が共にプログラミングできたことがとても大きな要因としてあったのです。

そして先にも触れた通り、大成功をもたらした要因が天才的なプログラミング能力ではなかった、という点はとても重要です。

第二次大戦終結前後に始まった、コンピューターの黎明期。「プログラミング」は、当時まだ、ごく一握りの数学者・計算機科学者にしか許されない行為でした。しかし、今では「誰でも」チャレンジできる、非常に身近な存在です。様々な種類のプログラミング言語、プログラミング環境(プログラム作成に使うソフトウェア)があって選び放題！　参考になる情報も、書籍やインターネット上の資料から簡単に得られます。アイデアと、プログラミングスキルを身につけるちょっとしたやる気さえあれば、成功への道は開けます。アイデアを形にするためのハードルは、以前に比べて格段に下がってきているのです。

スタートアップ企業の中心はＩＴ企業

インスタグラムの例を見てもわかる通り、若者が経済的に成功を収める手段として手っ取り早いのが「起業」です。「スタートアップ」といわれる、新しいビジネスモデルをもとにベンチャーキャピタルから投資を受けて起業する企業がアメリカを中心に登場。各種メディアで話題となっています。

2011年～2013年5月におけるICTベンチャーの上場状況(東証マザーズ)

上場年月	会社名	主な事業	ネット・スマホ関係
2013.4.25	オークファン	オークション相場サイト運営	●
2013.3.14	オルトプラス	ソーシャルゲーム・スマホゲーム	●
2013.3.12	ソフトマックス	医療システム	
2012.12.19	モバイルクリエイト	車関係のシステム製品	
2012.12.13	コロプラ	ソーシャルゲーム・スマホゲーム	●
2012.12.11	enish	ソーシャルゲーム・スマホゲーム	●
2012.7.24	エニグモ	ショッピングサイト・ファッションアプリ運営	●
2012.7.19	ワイヤレスゲート	公衆無線LANサービス	
2012.6.26	モブキャスト	ソーシャルゲーム・スマホゲーム	●
2012.3.14	エムアップ	音楽系モバイル配信・モバイルコンテンツ	●
2011.10.28	イーブックイニシアティブジャパン	電子書籍	●
2011.9.22	ブレインパッド	データ解析	
2011.7.21	モルフォ	画像解析・処理技術	
2011.6.23	ディジタルメディアプロフェッショナル	画像処理機器の開発(3D等)	
2011.3.3	駅探	運行情報検索	●
2011.3.1	コネクトホールディングス	雑貨・プローモーション等	

東証マザーズでのICTベンチャーの上場例。ネット・スマホ関連が目立つ
『平成25年版情報通信白書』ICT産業の「革新」とグローバル展開，総務省，平成25年

もちろん、スタートアップ企業(ベンチャー企業)は日本でも見られます。

総務省がまとめた平成25年版情報通信白書では、近年特にICT系ベンチャー企業の上場事例が目立ち、2011年から2013年5月の間に東証マザーズに上場した企業のうち、ICTベンチャーが占める割合は37%にものぼると報告しています。

なお、行政文書におけるICT(情報通信技術)は、ITとほぼ同じ意味です。

毎年様々な企業が「子どもが

将来なりたいもの」ランキングを発表しますが、人気があるのはスポーツ選手や医者、先生、タレントなど。そこに「社長」や「CEO」、「起業家」などの言葉は出てきません。子どもにはもっと無邪気に、野心的に社長なども志してほしいと願うとき、「IT系」での起業は格好の候補なのです。

今、旬な日本ベンチャーの雄たちは

スタートアップがアメリカを中心に登場していると書きましたが、日本でも続々と起業する人たちは現れています。

今、最も旬な例としては「Gunosy《グノシー》」や「SmartNews《スマートニュース》」が挙げられます。どちらも最近利用者が急増している、通勤途中の電車内などで気になるニュースを効率的に読めるニュースアプリです。これらを提供するのは、迅速なスタートアップと確かな技術力によって、まれに見る早さで発展を遂げたベンチャー企業です。

ユーザーの好みに合わせておすすめ記事を表示するアプリ「Gunosy」は、2011年夏に福島良典さん、関喜史《よしふみ》さん、吉田宏司さんら当時東大大学院生だった3人の研究プロジェクトとしてスタートしました。「インターネット上にあふれるニュース記事をより手軽に読めるようにしたい」「ユーザー一人ひとりの好みや興味を反映し個人に最適化したニュースメディアの仕組みを提供したい」と考えた3人は、その実現のため、「データマイニング」に着目。大量のニュース記事やユーザーの操作履歴などを統計やパターン認識などで分析し、意味のある情報や知識を取り出す手法を開発して、２０１１年10月25日にウェブ版を公開しました。その約1年後には法人化してiPhone／アンドロイド用のアプリをリリース。大型資金調達も達成して、２０１５年1月現在、アプリの累計ダウンロード数は６００万を突破しています。

このスピード感は、プログラミングを当たり前の道具として、研究や開発に使える創業者たちだったからこそ生まれたのでしょう。自ら作り上げて迅速なリリースを行い、ユーザーからの意見や反応を吸い上げ、市場の可能性などを見極められたからこそ、これほど短期間で大勢の人に使われるサービスを展開できたのです。

同じく人気のニュースアプリ「SmartNews」は、とにかくシンプルに注目のニュースがわかりやすく読め、電波が弱いエリアでも本文をストレスなく読める「スマートモード」機能を搭載するのが特徴。もともとはTwitterで多くツイートされた人気のリンク、

Twitterのフォロワーが多くツイートしたリンクを表示するサービス「Crowsnest《クロウズネスト》」が前身です。2012年12月のアプリ公開後、こちらも圧倒的なユーザー数を獲得。2014年10月には米国版もリリースし、12月にはアプリをダウンロードした人が世界で600万人以上、毎日アプリを利用するユーザー数は200万人を突破したと発表しました。

共同CEOである鈴木健《けん》さん、浜本階生《かいせい》さんの二人もエンジニアであり研究者です。しっかりと裏打ちされたプログラミング・エンジニアリング技術があるからこそ、ユーザーのニーズを見極めて機能を突き詰めて検討でき、技術をどのように組み合わせることが最善かを判断できたのでしょう。結果、スピード感をともなった開発が実現できるわけです。

もう一つ、迅速なスタートアップの例として、おなじみのメッセンジャーアプリ「LINE《ライン》」があります。2014年8月には登録ユーザー数が世界で5億人を突破、月間アクティブユーザー数(過去30日間で実際に使ったユーザー数)も1億7000万人にのぼったと発表されました。

LINEの開発が始まったのは2010年12月。当時は検索サービスをメイン事業とするNAVER《ネイバー》 Japanの新規開発プロジェクトとして、稲垣あゆみさんら3人で始まりました。当初は「TwitterやFacebookとは違う、プライベートなコミュニケーションツール」として、写真共有アプリやメッセージアプリの開発が行われていたようです。

その開発のさなか、２０１１年3月11日の東日本大震災が起きました。それをきっかけに、今こそ身近な人同士での連絡、情報共有、コミュニケーションが必要と判断。メッセージアプリ一本に絞って、4月から本格的なアプリ開発が始まりました。そして同年6月23日、LINEアプリを公開。日本を中心に爆発的な人気を得ることになりました。

この迅速な意思決定と開発スピードこそ、LINEを大成功に導いた大きな要因であるといえるでしょう。その後、スタンプ、ゲームと次々にサービスを拡大し、最近では「LINE Pay《ペイ》」というスマートフォン決済サービスまで発表しています。

こうして眺めてみると、現代社会でスタートアップとして成功を収めるＩＴ企業に共通することがぼんやりと浮かび上がってきます。つまり、「コンピューター科学や統計、データ解析、ネットワークなどを理解し、自らプログラミングを行える人々が、明確なビジョンのもとに起業し、スピード感を持って製品を開発して世に問うている」のだと。こう書くと少し難しく思えるかもしれません。もう少しシンプルに言うなら、「ビジネスのアイデアを思いついた人が、そのアイデアを実現する手段としてコンピューターを使い、プログラミングを行っている」ことになります。

日本でもプログラミング推奨の動き

以上の話から、最近の社会では「起業」して成功することと「プログラミング」的な能力がわりと近い関係で存在していることが、なんとなく理解していただけたでしょうか。でも、「プログラミングなんて限られた人だけに必要なスキルなのでは？」と考えるかもしれません。ここで冒頭のオバマ大統領の言葉を思い出してください。大統領は国民に向けて広くプログラミングの重要性を訴えていました。実は、「プログラミングはすべての人にとって重要だ」——日本でも最近そんな発言を耳にすることが増えてきているのです。

特にＩＴ企業の経営者などを中心に、プログラミング教育の重要性を熱く語る人が増えています。一過性のブームというよりは、日々その重要性について語られ、議論されることが多くなってきたと思います。

例えばDeNA《ディー・エヌ・エー》の創業者、南場《なんば》智子《ともこ》さんもその一人です。南場さんはウェブサイト「Huffington《ハフィントン》 Post《ポスト》」のインタビュー記事で、「私は今、プログラミング教育に力を入れています。一生懸命やっています。それは、まず日本には起業家があんまり出ていないから。

結構少ないです。（中略）プログラミング教育をみんなにやるのです、それも初等教育で。これでどうなるかというと、当然、全員がプログラミングをできるようになると、そのうちの一握りの一定の確率で、（フェイスブック創業者の）マーク・ザッカーバーグが出てくるのです。起業もやはり増えると思っています。今の多くはソフトウェアの企業ですから」と述べています。

また、楽天の三木谷《みきたに》浩史《ひろし》さんは日本経済新聞で、「日本はものづくり立国を標榜してきたが、携帯電話、パソコン、テレビといった順番で小さなものから競争力を失っている。原因は教育にある。ＩＴ（情報技術）産業の技術者の供給源である情報工学や数学などの修了者は、日本では年に約2万3０００人。米国では約25万人、中国では約１００万人といわれる。英語とコンピューターの簡単なプログラムが組めることを現代の読み書きそろばんと位置付け、高校や大学の一般教養の必修科目に組み込んではどうか」と提案しています。人材確保に焦点を当てている点が興味深いところです。

ほかにも、２０１３年に小学生向けプログラミング教育事業会社CA《シーエー》 Tech《テック》 Kids《キッズ》を連結子会社として立ち上げた、サイバーエージェントの藤田晋《すすむ》さんは、『週刊ダイヤモンド』で、「小学生という早い時期にプログラミングの楽しさに触れてもらえれば、将来、職業にしたいと思う子どもが増えるのではないかと期待しています。（中略）今の日本のＩＴ企業の経営者は、マネジメントと営業力がすごいという人ばかり。いつか、日本からアップルやフェイスブック、ツイッターのような企業が登場してほしいと願っていますが、そのためには、エンジニア思考の経営者が増えなければならないのです」と、子ども向けプログラミング教育への期待や課題について語っています。

経営者以外でも、１９８４年にTRON《トロン》プロジェクトを立ち上げ、日本発のリアルタイムＯＳ構築プロジェクトに長年従事してきた東京大学大学院教授の坂村健さんが毎日新聞で、「プログラミング教育が重要なのは何より、その論理的思考を養い、コンピューターを使役して問題解決する力を与えてくれるからだ。それが感性の力も何十、何百倍にもしてくれる」と発言しています。

以上はほんの一例で、ほかにも多くの著名人らがプログラミング教育について論じています。彼らの考えは、おおまかに分けて3つのパターンに類型化できます。

・技術・経営の天才を発掘したい

子どもにプログラミングを学ばせることでエンジニア的感覚を持った優れた経営者を生

み出せる。

・ＩＴ系人材不足を解消したい

将来はプログラマーやエンジニアをもっと増やしたい。

・全体のレベルを底上げしたい

プログラミングを通じて論理的思考を培い、多くの人がコンピューターをより役立てられるようにしたい。

理由は様々ですが、プログラミングを教育の場に取り入れたい、取り入れれば将来のために何か良いことが起こるのではないか。そうした気持ちが、これらの多くの意見の背景に共通して流れているようです。

同時に、「プログラミング」を学校教育の現場で「誰がどのように教えるのか」（教えられる人材が不足しているのではないか）、「プログラミング」を小学生に教えることが「本当に良いことなのか」（ほかに教えるべきことがあるのではないか）など、否定的な意見も見かけます。それだけ近年、「教育」と「プログラミング」という二つのトピックを合わせて議論する機会が増えてきたことがわかります。

プログラミングを教育に取り入れている国

日本でこうした議論が起こるようになってきた背景には、少なからず海外の教育事情が影響しています。実は最近、特に欧米を中心に、官民をあげてプログラミングを教育に取り入れよう、という流れが加速しているのです。一例を見てみましょう。

アメリカ

アメリカといえば、シリコンバレーを擁し、数多くのコンピューター関連企業、ＩＴ関連企業を生み出してきた屈強のＩＴ大国です。ＩＢＭ、ヒューレット・パッカード、アップル、マイクロソフト、ツイッター、フェイスブック、アマゾンなど。誰もが知っているこれらの企業はすべてアメリカ発です。

小中高の教育現場へのコンピューター導入も非常に早く、１９８０年代初め頃にはすでに多くの小学校にパソコンルームがあり、パソコンを使った課題や講義が行われていたようです。当時はＣＡＩ（Computer-Assisted Instruction・コンピューター支援教育）といういい方も頻繁にされていました。１９８２年の時点ですでに、アメリカ全土の小学校のうち

64・2%、中学校のうち80・5%という高い割合でパソコンの導入が進んでいました。日本では当時、小学校に0・1%、中学校に1・6%しか導入されていませんでした。

時は過ぎ、「すべての人にプログラミングを」という目的で2013年1月に設立されたNPO「Code.org《コードオルグ》」がアメリカ内で大きな注目を集めています。Code.orgが主宰する「Hour of Code」および12月に行われる「コンピューター科学教育週間」(Computer Science Education Week)では、本章の冒頭で触れたようにオバマ大統領自らが「みんなでプログラミングを学びましょう」とビデオメッセージで呼びかけました。

Code.orgは、全米の教育カリキュラムにプログラミングを組み込むことを目標に置いており、2014年9月には「Code Studio《スタジオ》」を公開しました。これは、「K-12」と呼ばれる幼稚園から高校までの生徒を対象に、学校でプログラミングの基礎を教えられるように用意した教育ツールとカリキュラムのセットです。

『アナと雪の女王』など、子どもにもなじみ深いキャラクターやゲームを使って、パソコンやタブレットで開いたウェブブラウザー上で楽しくプログラミングの初歩を学べる工夫がされています。教師アカウントでログインすると、学生の進捗を簡単に見られるなど、教育機関で積極的に活用できる仕組みもあります。

また、アップルも全世界のアップルストアで「Hour of Code」ワークショップを開催し、多くの子どもたちにプログラミングの初歩に触れてもらうキャンペーンを行いました。

かたやマイクロソフトは、2014年12月8日に「Microsoft Imagine」というCode.org同様のプログラミング入門用サイトをオープンしています。

現代のアメリカでは、「21世紀にコンピューター科学をどうやって教えていくべきか」という、教育的な側面が以前より熱心に議論され実践されています。その一方、Code.orgのムーブメントと前後するタイミングで、ニューヨーク州やシカゴ州などいくつかの州で中学・高校でプログラミングを必修授業化する動きがありました。すなわち「IT系の人材育成・確保のためのプログラミング教育導入」が急速に進んでいる点も見逃せません。

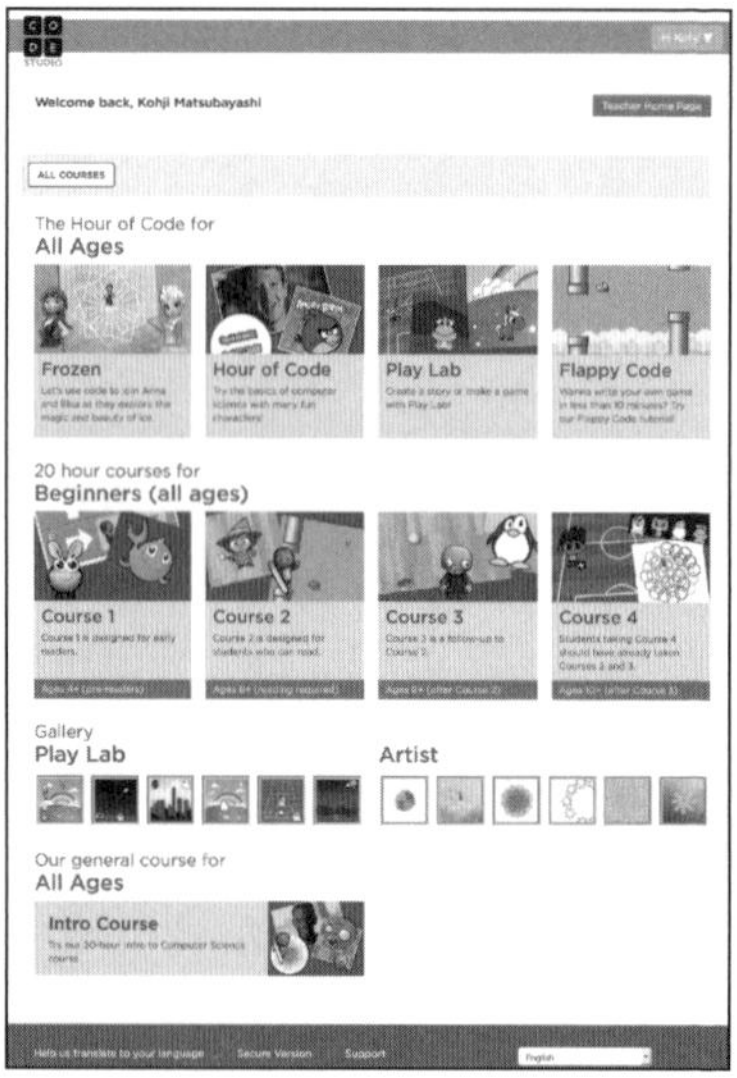

学校でプログラミングの基礎を教えるために用意された教育ツールとカリキュラムのセット「Code Studio」

イギリス

ＩＴリテラシー（アプリの使い方など）を中心として、コンピューターの教育現場への導入がやはり早くから行われていたイギリスでも、アメリカの「Hour of Code」に触発されてか、「Year of Code」という民間の共同キャンペーンが始まっています。

また、２０１４年９月からは、５歳以上を対象とする、すべての学校でプログラミング教育を導入することが決まり、大きな話題となりました。イギリス政府が発表した文書には、「高品位のコンピューター教育により、生徒にコンピューター的思考能力と創造性を身につけさせ、それらが世界を変える力があることを理解させる。コンピューティング（コンピューターの活用・開発・研究）は、数学、科学、デザイン、技術と深くかかわっており、自然や日常、そして人工物の両方に対して知見や洞察力を養ってくれる」とあります。

ここから伝わってくるトーンはアメリカと若干異なります。「コンピューターの使い方の習熟から、プログラミングを含めたコンピューター科学全体の習得へ」という、教育的な議論がより熱心に行われているのです。

イギリスでは近年、今まで「ＩＣＴ」（情報通信技術）という呼び名のもとで行ってきたＩＴリテラシー教育に対して「つまらない」というネガティブなイメージが学生から出てきました。その問題に対し、王立協会は2012年に発表した報告書で、教育者はそれらICT教育を本来構成する「リテラシー」「コンピューター科学」「情報工学」をしっかり分けてそれぞれをきちんと教育すること。そして「ICT」という言葉を今後積極的には使わないことを推奨しています。単なるITリテラシー教育だけではなく、プログラミングやコンピューター科学も総合的に教える方向にシフトしようというのです。

同時に政府は、不足が懸念される教師の育成にも力を入れることを表明。プログラミングを教えられる教師の育成事業に50万ポンドを投じることが決まっています。

米英同様に、ほかの国々でもプログラミング教育導入の動きが出てきています(左表)。ここに紹介しきれない事例もたくさんありますが、ともあれ近年、世界各国でプログラミングの重要性を認識し、教育に積極的に導入しようとしている傾向がわかるでしょう。

日本のICT教育の歴史と現状

日本でも子どもたちに「ICT教育」といった形で、プログラミングやコンピューターを学んだり、タブレットを活用したりするような授業の機会が増えつつあります。

その他の国々の取り組み例

フィンランド

2016年から小学生のプログラミング授業の必修化を決定。小学1〜2年からゲーム作りなどを通じてプログラミングに触れさせることで、国民全体のコンピューター社会に対する理解や技術力の底上げを長期的に行う。

韓国

従来のパソコンやソフトの使い方を軸にした教育から早くに脱却。2007年からプログラミングや情報科学を積極的に中学・高校のカリキュラムに取り入れる。中学では教育用プログラミング言語「EPL」を使ったプログラミング学習も行う。

イスラエル

1995年にジュディス・ガル・エゼル教授が「コンピューターの仕組みやプログラミングを教えるべき」という論文を発表。それに基づき2000年にはコンピューター科学教師センターが誕生し、高校生に最低でも毎週1時間、情報科学とプログラミングを教えている。

ニュージーランド

長年にわたり、教育へのコンピューターの導入を活発に行う国の一つ。NZACDITTという教育者による団体が、主に中学校へのコンピューター科学、情報技術の導入を熱心に試みている。

シンガポール

ITによる国際的競争力を高めるために、公立学校にプログラミング授業を積極的に導入することが検討されている。

エストニア

政府から支援を受ける団体「Tiger Leap Foundation」が進めるプロジェクト「ProgeTiger」によって、必修授業ではないものの、小学校からプログラミング教育の導入の試みを行う。

かつて1980年代から1990年代は、「学校にパソコンがあっても数台程度」で、「コンピューターリテラシー」という言葉がようやく使われはじめた頃でした。小中学校ではせいぜい、「社会人の間でよく使われるソフトウェアの使い方を学ぼう」といった程度しか教えられない時代です。

2003年には、高等学校学習指導要領改訂により、必修教科「情報」を新たに設立。「情報」は、「情報化の進展に主体的に対応できる能力と態度」を身につけるのが目的であり、「コンピューターの操作方法を学ぶのが目的ではない」とされました。しかし、教員の不足、入試にはあまり出ない、生徒間の能力差が大きいなど、様々な事情があり、実際の教育現場においては各教科の道具としての使い方・活用術にとどまっていたとの指摘があります。結局は、ワープロソフトや表計算ソフトをレポート作成に活用する程度だったようです。

そして2010年代。コンピューターの単なる使い方、リテラシーにとどまらない教育がにわかに注目されはじめました。学校以外にも、様々な企業、NPOや有志が積極的に教育プロジェクトに参画。ここ最近では、教育現場でも様々な取り組みが加速しています。

例えば、小・中学生向けに、プログラミングやロボットコンピューティングを活用しようという教室。子どもたちが積極的、主体的に取り組み、考えられるようにしようというワークショップ。子どもたちの可能性を自発的に引き出し、伸ばす環境を作り、プログラミングやコンピューターそのものの知識にとどまらない、情報処理の応用能力を身につける機会を増やそうといった取り組みなどです。

ここで注目すべきは、それらの教育手法の多くが単に「日本のプログラマー人口を増やそう」としていない点です。指導者が生徒に一方通行で教える、コンピューターの仕組みやプログラミングについて上意下達する類《たぐい》の授業ではないのです。

「こんなに楽しいものをみんなに知ってもらいたい。先生の想像もつかないようなアイデアをどんどん考えて、発展させ、実現してほしい」という思いがともなう教育。「コンピューター科学やプログラミングの楽しさをみんなにも伝えたい」という気持ちを持った教育者が現場に現われていることは特筆すべきでしょう。詳しくは第2章で紹介します。

中学の必修授業にもプログラミングが登場

現在、日本の小学校では、2011年より実施されている学習指導要領に、コンピューターの操作や活用、情報モラルなどの項目が組み込まれています。そして中学校では、2012年より実施されている学習指導要領により、中学の技術・家庭教科において、それまでは選択だった「プログラムによる計測・制御」が必修化されました。

各都道府県や自治体、教育機関ごとにばらつきはあるものの、技術分野の「A」から「D」、4つの学習項目のうち「プログラムによる計測・制御」が含まれた「D 情報に関する技術」には、中学の3年間で25〜35時間ほど割《さ》かれているようです。その中では、

・コンピューターの概要
・デジタルの概念
・情報処理の仕組み
・情報通信ネットワークの仕組み
・デジタルメディアを使った作品の制作

などに加えて、

・ロボットやマイコンを使った制御
・簡単なビジュアルプログラミングなどを使ったプログラムの概念学習

など、授業でただコンピューターやデジタルメディアを使うだけではなく、実際にプロ

グラミングを行い、動かすような授業が組まれています。

ただし実際には、技術・家庭全体に３年間で計１７５時間（１、２年時は年70時間、３年時は35時間）となっており、技術分野の教育に割ける時間数はその約半分で90時間弱。つまり、「D 情報に関する技術」だけに25～35時間も割くわけにいきません。それを解消するために「A 材料と加工に関する技術」「B エネルギー変換に関する技術」「C 生物育成に関する技術」などと相互に関連付けたカリキュラムを組むなど、教育現場では「何をどのように教えるか」も含めて、様々な試みや工夫がなされています。

例えば、広島県の中学校技術科教員・高校工業科教職員に対して行われた講座では、「A 材料と加工に関する技術」で木材を加工してマルチラックを製作する過程で、「D 情報に関する技術」を連携。マイコンの制御・プログラミングを使い、部屋の明るさに応じてマルチラックに付けたＬＥＤを点《つ》けたり消したりさせる、という試みが行われました。

コンピューターやプログラミングを一つの独立した科目として教えるのではなく、生活の様々なシーンで活用しよう。そのためにコンピューターや計算機科学、プログラミングの基礎的な感覚や本質を少しでも学んでもらいたい。そんな考えで日々努力されている先生も少なくありません。

アベノミクスとプログラミング

実は、プログラミング教育は「アベノミクス」でもちょっとした論点になっています。２０１３年６月には、アベノミクスの成長戦略「日本再興戦略－JAPAN is BACK－」が閣議決定されました。そこにはこのような記述が含まれていました。

４．世界最高水準のＩＴ社会の実現

（６）産業競争力の源泉となるハイレベルなＩＴ人材の育成・確保

ＩＴやデータを活用して新たなイノベーションを生み出すことのできるハイレベルなＩＴ人材の育成・確保を推進する。

●ＩＴを活用した21世紀型スキルの修得

２０１０年代中に１人１台の情報端末による教育の本格展開に向けた方策を整理し、推進するとともに、デジタル教材の開発や教員の指導力の向上に関する取組を進め、双方向型の教育やグローバルな遠隔教育など、新しい学びへの授業革新を推進する。また、来年度中に産学官連携による実践的ＩＴ人材を継続的に育成するための仕組みを構築し、義務教育段階からのプログラミング教育等のＩＴ教育を推進する。

この文末の「義務教育段階からのプログラミング教育等のＩＴ教育を推進」という一文に対して、「小・中学校という場でプログラミングをどうやって教えればいいのか」「プログラミングを小学生に教えることに意味があるのか」といった議論が、教育界やネット上で巻き起こったのです。ただ実際には、日本再興戦略の２０１４年改訂版の本文において、右の記述は削除されてしまいました。

現時点では、日本でどのような形で実現されるか未知数ですが、すでに世界の国々はプログラミング教育に動きだしている現実があります。遅かれ早かれ日本も追随する形で、小学校の授業にプログラミング教育を本格的に取り入れる可能性は高いでしょう。

しかし、もしそれが「日本のプログラマー人口・ＩＴ人材を増やして世界的競争力を高める」という目的「だけ」なのであれば、少し残念に思います。ただ単に先生が教科書に従って、プログラミング方法について講義をするだけでは、コンピューター科学やプログラミングが本来持っている楽しさや創造的な側面は伝わりにくいからです。

誰がどのように教えるのか。教科としてのプログラミングは点数評価がなじむものなのか。そういった観点からも、今後しっかり議論されることを期待したいものです。

子どもにプログラミング教育が必要な理由

それにしても、なぜ「子どもにプログラミングを学ばせよう」という機運がこんなにも高まっているのでしょうか。

理由の一つはもちろん、コンピューターやプログラミングに精通した人材を育て、増やしたいという意図でしょう。現代社会はコンピューターなしでは考えられず、国家の基盤として人材は不可欠です。

日本語では「読み・書き・そろばん」、英語では「reading, writing and arithmetic」または「The three Rs」と呼ぶ、生きていくうえで最低限必要となる知識・能力・教養を指して「**リテラシー**」といいます。日常的にコンピューターや携帯デバイス、電化製品、情報システムなどに囲まれている現代では、コンピューターやプログラミングの知識もその「リテラシー」の一つとみなされるのです。

しかし、そんな実用面だけが理由ではないはずです。「コンピューティング（コンピューターの活用から開発、研究までを含む言葉）やプログラミングそのものが楽しいという気持ちを、子どもたちと共有したい」「コンピューティングやプログラミングを通じて、本質的な理解力や応用能力を身につけてほしい」「大人にはない素朴で素直な感性を発揮し、大人が思いつかないようなプログラミングの可能性を発掘してほしい」。そんな気持ちから様々な活動をしている人々も少なくありません。

「プログラミング」のおもしろい点は、「唯一の正解がない世界」だということです。唯一の正解がないというと難しそうですが、それはただ一つの模範解答があるのではなく、たくさんの別解がありえるということです。

いわば、ブロックや積み木の楽しみと似ています。子どもたちに、思い思いの発想で組み上げていく余地が残されているのです。教師や親がそれをうまく使えれば、子どもたちの好奇心や感性を伸ばす手伝いができるかもしれません。

プログラミングをただ「お勉強」するだけではなく、自主的に親しみ、楽しめれば、その過程で子どもはきっと大人が考えもしなかった新たな可能性を発見します。プログラミングという武器を使ってコンピューターを自由自在に操り、すばらしいアイデアを形にできるチャンスが生まれることでしょう。そんな可能性が満ちあふれているからこそ、近年のプログラミング教育の盛り上がりがあるのだと思います。

子どもがプログラミングに触れるメリット

実際に子どもがプログラミングに触れることで得られるメリットについて、様々な人がそれぞれの立場で発言しています。整理すると、以下の3点に集約できると思います。

・ものごとの仕組みをより深く考えるきっかけになる

世の中のどんな事象、製品、サービスにも、基礎となる仕組みや論理が裏にあります。子どもはプログラミング教育を通じて、製品やサービスがどのような仕組みで動いているのかに思いを馳せることになるでしょう。そして、仕組みについて構造的、階層的に掘り下げて考えることに行き着くはずです。

細々としたプログラムや部品・サービスをどのように組み合わせて連携させ、一つの大きな製品・サービスとして機能させているのか。そうした思索をきっかけに、世の中のあらゆるものごとの仕組みを考察する術《すべ》を身につけることが期待できます。

・じっくりと論理的・創造的に考える訓練になる

小さなパーツを組み立てていけば、やがて大きな作品へと昇華します。

プログラムは、一つひとつの「処理」を並べて順に行う、条件分岐や「選択」を行う、同じ処理を「繰り返し」行う、といった要素の集合体です（詳しくは第3章で解説します）。プログラミングでは、達成したい目的（プログラム）を実現するために、そうした細かい要素を「どのように組み合わせるのがいいか」「複数ある組み合わせ方の中で、より効率が良く適したものはどれか」といった、論理的な思考が必要となります。これは、プログラミングの世界に限らず、日常生活や仕事の中でも必要とされる能力であり、プログラミングを通じて論理的思考のトレーニングを行えるのです。

一方で、プログラミングはそれ自体が創造的な活動です。様々な形をした小さなブロック玩具を組み合わせて大きな作品を作る作業に似ているともいえます。正解は一つではなく、人それぞれが様々なやり方で挑戦できます。試行錯誤を繰り返しながら粘り強く部品を組み合わせていき、ほかの誰のものでもない、自分のアイデアが詰まった「作品」を生み出す作業は、本当に楽しく想像力を刺激してくれます。

子どもであれ大人であれ、楽しみながら取り組んでいるときは、あっという間に時間が過ぎてしまいます。プログラミングを通じて、知らず知らずのうちに忍耐力が身につくことも期待できそうです。

・世界を別の視点から捉える機会になる

人とコンピューター、人と人をつなぐのがプログラムです。

プログラミングは、人間とは違う存在であるコンピューターに対して指示し、意のままに動かすために行います。人間とコンピューターという、まったく違う仕組みで動くもの同士の橋渡しをするのがプログラムなのです。そのためにはコンピューター自体のこと、動く仕組み、コンピューターに何ができて何ができないかをよく理解する必要があります。

コンピューターやプログラミングを学ぶことで、コンピューターの世界以外に考えを巡らせる機会が生まれるかもしれません。実はコンピューターと人間の橋渡しとしてのプログラミングを学ぶことは、自分と異なる考えを持つ人との交流、違う文化・国の人たちと触れ合うことに似ています。どうしたら自分の伝えたいことを伝えられるか。どうしたら相手の考え方や思いを理解できるか。お互いのどこが違い、どこが同じで、どんな役割や位置付けで存在するのか。世界を様々な視点で考えるきっかけになることが期待できます。

プログラムで「今まで不便だった作業を便利にしたい」「今までできなかった新しいア

イデアやサービスを実現したい」と考えることは、その利用者の様子を想像することにもなります。コンピューターと利用者を効果的に連携させるにはどうすればいいか、コンピューターを利用者にとって便利で頼もしい存在にするにはどうしたらいいかを考える必要があるのです。それはコンピューターを通じた、「人と人の懸け橋」について思いを馳せることにもつながります。

子どもにプログラミングの楽しさを

ここまで見てきたように、現代社会において「プログラミング」の存在感は日に日に増しています。想像以上だと感じた人も少なくないでしょう。現代の子どもたち、あるいは今後生まれてくるその下の世代の子どもたちにとって、プログラミングがとても身近な存在になることは間違いありません。今はまさに過渡期です。望むと望まざるとにかかわらず、プログラミングは子どもが将来、社会を生き抜くために身につけておきたい素養の一つになりつつあるのです。

幸いなことに、プログラミングはイヤイヤ身につけなければならない類のものではありません。むしろ楽しく、また成功を収めるための強力な武器にもなりえます。

コンピューターや機器、ロボットを意のままに操れる。自分だけではなく人の役に立つ便利なものを作れる。プログラミングはそれ自体がとても楽しく刺激的なものです。

目の前にはたくさんの使える道具があり、その道具の使い方にさえ慣れてしまえば、工夫次第で自由自在に操れるようになる。そんなすばらしい環境が誰の手にも届くところにあります。手を伸ばすだけで、すぐにも始められるのです。

しかもその道具は、昔のように暗い画面に英数字で命令を打ち込むだけのものに限りません。ゲームやパズルのような遊びの感覚で試せるものがたくさん用意されています。

子どもでも大人でも、ゲームと同様、あるいはそれ以上のワクワク感が得られ、没頭できるのがプログラミングです。画面の中のキャラクターを自由自在に動かしたり、パソコンにつないだ機器やロボットを制御できたりしたときの達成感は格別なものがあります。

理屈はいりません。子どもにこの楽しいプログラミングの世界を体感させてあげてください。ぜひ親子で一緒にプログラミングの世界に飛び込むことをおすすめしますが、ほかにもプログラミングスクールなどの環境が徐々に整いつつあります。そうした環境を上手に活用したい人もいるでしょう。次章で最新の教室事情について紹介します。

第2章

最新の
プログラミング
教室事情

Teach your kids to code
to turn them into billionaires

パソコンやタブレットをただ使っていてもダメ

日本ではパソコンが広く普及し、複数台を所有する家も珍しくありません。一人一台、タブレットやスマートフォンを持つ家庭もあるでしょう。家事の合間や交通機関での移動中、あるいは病院の待合室などで、赤ん坊や子どもの暇つぶしにタブレットやスマートフォンで遊ばせるのも見慣れた光景です。

自宅などでパソコンやタブレット、スマートフォンを使って、ウェブを閲覧したり、メッセージを読み書きしたり、いろんなアプリを自由に使いこなせる小学生も着実に増えています。これほど日常的にコンピューター的なものを使いこなせているのだから、わざわざプログラミングのことを習わなくてもいいのでは?と考える子どもや親がいても不思議ではありません。

しかし、パソコンやタブレットの使い方を覚えても、「コンピューターの動きや仕組みを理解し」「自ら考え、書いたプログラムによってコンピューターを動かし」「プログラミングで新たな価値を創造する」ことはできません。そこで、前章で紹介したような、プログラミングの義務教育化が議題にのぼるようになりました。

その一方で、授業とは関係なく、子どもにプログラミングに親しむ機会を持たせたい、と考える保護者が増えてきています。そのニーズをくみ取る形で、民間企業やＮＰＯが起点となり、「授業」や「勉強」としてではない、「プログラミングを通した新しい学びの場の創出」への挑戦がこの数年、積極的に行われているのです。

そうした現場では、プログラミングそのものの習得というよりも、「プログラミングを学ぶ過程で思考力や幅広い知見を得てほしい」「自分の力で作品を作る楽しさに触れてもらいたい」といった思いが強く感じられるのが特徴です。

増える子ども向けプログラミング教室

月謝を払って継続的にプログラミングを学ぶプログラミング教室は、以前から大人のビジネスマン向け・エンジニア向けに存在しました。それに加えて近年増えつつあるのが、小学生・中学生・高校生向けに特化したプログラミング教室です。

そう聞くと、「学習塾」にイメージが重なってしまいそうですが、そこは「新しい学びの場の創出」を実践する教室。ただプログラミングを学ぶことを目的とせず、プログラミングを通して論理的に考える力、ものごとを分析できる力、人に考えを伝える力を身につける教育が行われています。教えられた通りにこなすのではなく、楽しみながら自分の思い通りにモノを作り上げていくことが重視されるのです。

現在の子ども向けプログラミング教室は、ピアノやダンス、バレエ、サッカー、野球、体操など、学校の成績に必ずしも直結しないけれども、何か子どもの将来に役立つと考えられる習い事に近いのかもしれません。

主な教室を左表にまとめてみました。月４回開催で、１回あたりの費用が５０００円前後という教室が多いようです。

また、Coder《コーダー》 Dojo《ドージョー》やDigitalPocket《デジタルポケット》 ビスケット塾のようにＮＰＯやボランティア団体によるプログラミング教室も各種開講されています。これらは参加費が無料だったり、実費のみだったりと、非常に安価な価格設定となっています。

このほかにも、全国各地でプログラミング教室の設置が進んでいます。子どもの習い事の一つとして、プログラミングが一般化する日は近そうです。

主なプログラミング教室（2014年12月現在）

教室名	URL	地域	開始年度	対象年齢	内容	頻度
TENTO	http://www.tento-net.com/	東京（新宿、自由が丘、湯島）・埼玉（さいたま）・神奈川（横浜）・千葉（市川）	2011年	小学生～中学生	ビジュアルプログラミングから汎用プログラミング言語まで多彩	月2～4回
Life is Tech! School	http://life-is-tech.com/school/	東京（渋谷）・大阪（梅田）・愛知（名古屋）	2012年	中学生～高校生	iPhoneアプリ開発、アンドロイドアプリ開発、ゲームプログラミング、Webサービス開発	月2回
U-18プログラミングくらぶ（Ruby三鷹教室）	http://www.mitaka.ne.jp/field/chiiki_ict/	東京（三鷹）	2012年	18歳以下	Rubyプログラミング	月1回
Tech Kids School	http://techkidscamp.jp/	東京（渋谷）・大阪（梅田）・沖縄（那覇）	2013年	小学1年生～6年生	Scratchプログラミング / iPhoneアプリ開発 / ウェブアプリ開発	月4回
Monoproキッズ・プログラミング道場	http://mono-pro.net/	東京（渋谷）	2013年	小学3年生～中学生	iPhoneゲームアプリ開発 / ウェブゲームアプリ開発など	月4回
ロジコプログラミング教室	http://logicojapan.com/ict.php	東京（高田馬場）	2013年	小学生	プログラミンによるプログラミング / ウェブページ制作 / ウェブアプリ開発	月2回
Qremo	http://qremo.jp/	東京（渋谷）	2014年	小学生～高校生	ゲームプログラミング / スマホアプリプログラミング/ロボット制作/ウェブページ制作 / 他	月2回
Coder Dojo	http://coderdojo.jp/	全国各地（および世界47ヵ国）	2011年	小学生～中学生	Scratchプログラミング / ウェブページ・アプリ制作 / ロボット制作など	単発（毎週開催）
DigitalPocket ビスケット塾	http://www.digitalpocket.org/	神奈川（横浜港北）・東京（渋谷）	2013年	小学1年生～4年生	ビスケットプログラミング・作品制作	月2～4回

小学生向けプログラミング教育

東京・渋谷にある、小学生向けプログラミング教育を事業とするCA《シーエー》 Tech《テック》 Kids《キッズ》では、2013年から小学生のためのプログラミングスクール「Tech《テック》 Kids《キッズ》 School《スクール》」を開催しています。2014年10月時点で、教室は東京（渋谷）、大阪（梅田）、沖縄（那覇）に所在し、230名を超える小学生が通っています。

対象の生徒は小学1年生から6年生まで。キーボード入力が必要なコースは原則3年生以上ですが、それ以下でも自宅でのプログラミング経験や熱意があり、キーボード・マウス操作やアルファベットの理解ができる場合は、相談に応じて参加できるとのことです。

渋谷の教室を取材すると、そこは夢中になってプログラミングに取り組む子どもたちの熱気で満ちあふれていました。教室には、実際に小学1年生の小さな男の子が一人いました。背丈に合わない机と椅子も気にせず、ノートパソコンを置いた机の前で立ったまま黙々とウェブプログラミング（ブラウザー上で操作するウェブアプリの開発）をしています。

小学1年生がJavaScript《ジャバスクリプト》というプログラミング言語を書き、オリジナルのウェブアプリを

Tech Kids Schoolの教室風景。小1から小6の子どもたちがノートパソコンに向かい、熱心にプログラミングする様は大人顔負け

夢中になって作っている光景はとても新鮮に映りました（プログラミング言語については巻末付録を参照）。先生から教えられたことを一所懸命にノートに書き込む学習塾などでの勉強とは印象がまったく違います。おもしろいから、好きだから夢中になってやっている。そんな、とても自然な姿に見えました。

教室は毎週末に開催しています（1回4時間）。1ヵ月4回×3ヵ月の計12回を1学期として、通年で実施。最初の7回では、様々なゲームを作ることを通じて、プログラミング環境の使い方やプログラムの組み方について学びます。続く4回では、それぞれの子どもが自ら作りたいオリジナル作品のアイデアを考え、めいめいが自分の思い通りにプログラミングして作品を開発。そして最後の1回で、プレゼンテーションの形でみんなに発表します。

コースは3種類を用意。「Scratch《スクラッチ》」という初級者が扱いやすい教育用プログラミング言語を使ったゲームプログラミングコース、iPhone用アプリのプログラミングコース、そしてJavaScriptを使ったウェブアプリプログラミングコースです。一つの教室内でコースやレベルごとに5、6人ずつのグループを作り、並行して行われています。各グループには指導役の先生やメンター(補佐役)が2、3人ほどつきます。

驚いたのは、つまらなそうに暇をもてあましている子どもが一人もいないことです。参加する子ども一人ひとりに合わせてレベル設定を行い、落伍者が出ないようにメンターらがきめ細かい配慮をしているのです。すべての子どもたちが夢中になって、プログラミングに没頭しています。同じコースを受講している隣の席の子と意見を交換したり、メンターや先生たちを呼んで相談に乗ってもらったり。みんな時間を忘れて自分のプログラムを作ることに打ち込んでいました。

もう一つ興味深かったのは、女子の割合です。教室内の数十名の生徒のうち、女子が2割程度を占めていました。もしかすると、プログラミングといえば男子の趣味というイメ

	開発作品	目的
1	ノベルゲームをつくろう！	開発ツールXcodeの使い方、基本的な部品の使い方
2	風船わりゲームをつくろう！	変数の説明、変数の使い方
3	崖チキンゲームをつくろう！	部品の応用の仕方、条件分岐プログラム
4	もぐらたたきをつくろう！	条件分岐プログラムの応用、乱数
5	じゃんけんゲームをつくろう！	関数の説明、使い方
6	うまチャットをつくろう！	テキストボックスの使い方、文字列の比較方法
7	絵当てゲームをつくろう！	画像を用いたプログラムの使い方
8	オリジナル作品開発	自分の作りたいアイデアを考え、それを自ら実現し、オリジナルの作品を開発する。
9		
10		
11		
12	発表会	自分のオリジナル作品を発表する

Tech Kids Schoolで3ヵ月通して学ぶ「iPhoneアプリ開発コースLv.1」のカリキュラム例。Lv.（レベル）は6まで用意されている

ージを持つ人も大勢いるのではないでしょうか。彼女たちが作っているアプリの画面はやはり女子らしく、華やかでかわいらしいデザインがあふれています。女友達同士で和気あいあいと、プログラム開発に打ち込む姿が印象的でした。プログラミングに興味を持つ女子はさらに増えるかもしれないと思わされました。

Tech Kids Schoolに参加して作られたiPhoneアプリ作品の中には、実際にアップルの公式アプリ提供サービス「App《アップ》 Store《ストア》」で公開されたものもあります。小野塚智美さん（作成当時、小4）の日記アプリ「心の一言日記」、中馬慎之祐さん（同、小5）の目標時間設定&おこづかいアプリ「Time

is Money」、菅野楓さん（同、小5）の化学勉強用アプリ「元素図鑑」など、小学生らしいアイデアに基づいたアプリが公開されています。学ぶ環境さえ整えば、小学生でも大人顔負けにiPhoneアプリを開発できる時代なのです。

中高生向けプログラミング教育

Tech Kids Schoolを運営するCA Tech Kidsは、サイバーエージェントとライフイズテックが共同出資して設立した会社です（ライフイズテック自体も、サイバーエージェントから出資を受ける企業です）。実は、2011年より中高生向けにプログラミングスクール／ITキャンプを開催しているライフイズテックのノウハウをCA Tech Kidsに導入して、小学生向けスクールを開いているのだそうです。

その本家、ライフイズテックでは、中高生向けにiPhoneアプリ開発、アンドロイドアプリ開発、ウェブサービス開発、ゲームプログラミングの4コースを用意しています。

Tech Kids Schoolとカリキュラムのノウハウの一部を共有するとはいえ、内容はあくまで中高生向き。週1回の授業でプログラミングの基礎からアプリ開発まで、1年間をかけて実践的に学んでいきます。最終目標は、作ったアプリのリリース。ごく初心者から始められる気軽さや、楽しみながら開発するエッセンスはそのままに、参加者の本気度はさらにアップします。自分ならではのアイデアを実現するために、プログラミングスキルやアルゴリズム設計（第3章で解説）のスキルを向上するための環境が用意されています。

身近なワークショップを活用する

毎週通えるプログラミングスクールは、ある意味で理想です。しかし、Tech Kids Schoolのような小学生向けプログラミング教室は、まだ大都市圏を中心に開催されているだけ。日本全国、津々浦々まで浸透するレベルに至っていません。そこで注目したいのが、より身近に存在するＮＰＯや大学、科学館などの機関が提供する「ワークショップ」です。

ワークショップはもともと「作業場」「仕事場」「工房」などを指す単語ですが、最近では「体験型の講座」という意味で使われることも多くなってきました。

ワークショップは司会進行を務める「ファシリテーター」を中心とし、参加者の相談に乗ったりアドバイスをしたりする補佐役「メンター」が何人か参加しています。その多くでは、ただの講義形式にならないよう様々な工夫が施されています。参加者全員が思い思いに手を動かし、自ら考え、共に議論し、作品を創り上げるのに快適な「場」を提供することに注意が払われているのです。ファシリテーターは、全体の流れや勘どころを助言しても、「ああしろ」「こうしろ」とは言いません。あらかじめ決まった答もありません。

ワークショップで取り上げられるテーマは多岐にわたります。「遊びながら考え学ぶ」子ども向けに限っても、理科の実験、アクセサリーや道具作り、工芸品の制作、音楽演奏や作曲、ボードゲームや知育玩具を使った遊び、お絵描き、アニメーション制作体験など様々。全国の至る所で数多く開催されています。

近年、このワークショップに「プログラミング」が取り入れられる事例が増えています。背景には、プログラミング未体験の未就学児や1、2年生であっても気軽に試せるプログラミング言語や環境が揃ってきたことがあります（第5章で詳述）。ブロックやロボットを使って、おもちゃで遊ぶように気軽に「フィジカルコンピューティング（モノの動きなどをコンピューターで制御すること）」を体験できるようにもなってきました。

プログラミングのワークショップに参加し、ほかに参加する友達と協力し、意見を出し合い、競い合ってモノ作りを楽しむことは、貴重な体験になります。

プログラミングワークショップの実際

現在行われている子ども向けプログラミング入門ワークショップは、おおむね以下のような流れで開催されています。

・プログラミング入門
　まずは簡単な例で使い方、作り方を学んでみよう
・アイデアを考える
　何を作るか考えてみよう
・実際に作ってみる
　思いついたアイデアを形にしてみよう
・作ったものを発表する
　どんなところを工夫したか、自信を持って発表してみよう

こうした流れのワークショップを3時間程度で行います。長い場合は、午前10時から始め、昼食をはさんで午後4時まで行うこともあります。

子どもにとって難しいことが要求されることはありません。参加した子どもたち全員がそれぞれのアイデアでプログラムを作ります。間違いを見つけて直し、改良していけるように、そして脱落者を出さないように、テーマやゴールは比較的低めに設定されています。一方で、どんどん理解して先へ進む子どもへの抑制はしません。のびのびやりたいようにプログラムを作らせていきます。メンターたちは子どもの質問に率直に答え、一人ひとりをサポートします。

ワークショップでは、プログラミングそのものを学ばせることより、「プログラミング学習を通じて学んでほしい」という姿勢を貫いているのが印象的です。参加している子どもたちはワークショップの間、それぞれが夢中になって取り組み、自分の作ったものをうれしそうに発表しています。

子どもたちに表現の場を

こうした子ども向けワークショップを長年開催しているのが、NPO CANVAS《キャンバス》です。現理事長の石戸《いしど》奈々子さんが政府やマルチメディア振興センターの支援のもと２００２年に設立。「21世紀というディジタル時代の創造的な遊び場を作り提供する」というコンセプトのもと、「こども向け参加型創造・表現活動の全国普及・国際交流を推進」しています。あくまで「子ども」が主役で、学校や企業、自治体、アーティスト、保護者などの大人はサポート役。可能性に満ちた子どもたちの創造力・表現力を引き出す場を提供したいという思いから、ワークショップを通じて活動されています。親子で参加するワークショップや、未就学児向け、小学生向けのワークショップが毎週のようにあるので、いずれかに参加したことがあるという人もいるかもしれません。

CANVASが主催するワークショップは多岐にわたりますが、近年はプログラミング系ワークショップの人気が特に高まっているそうです。数年前まではそれほど人気はなかったということからも、この数年でのプログラミングへの関心の激変ぶりがうかがい知れます。中でも絶大な人気を誇るのが、Tech Kids Schoolでも教材になっていた「Scratch」という教育用言語を使ったプログラミング入門です。

例えば、CANVAS主催のワークショップシリーズ、「キッズクリエイティブ研究所」で行う「プログラミングラボ」では、子どものレベルに合わせて複数のコースを用意。Scratchを使ったゲーム作り入門（初級・3時間×1回）から、Scratchと光や音に反応するセンサーを使った高度なゲーム作り（中級・4時間×1回）、「Raspberry Pi《ラズベリーパイ》」という小さなコンピューター基板とセンサーをScratchで操作して自由に作品を開発する長期寺子屋コース（上級・1回3時間×毎月1回で1年間通し）まであります。

費用は、コースによって1回あたり４５００円～７０００円の参加費が必要です。決して安くはないですが、キャンセル待ちが出るほどの人気ぶりです。

CANVASが主催するワークショップの一覧は「CANVAS：これからのワークショップ&イベント」（http://www.canvas.ws/jp/workshop/）で確認できます。開催地は主に首都圏ですが、地方都市で開催されるワークショップもあります。もし近くで参加できるなら、子どものプログラミング体験・入門におすすめです。

またCANVASのほかにも、様々な地域でＮＰＯや自治体、教育機関などがワークショップなどの活動を展開しています。ウェブ検索で探してみてください。

プログラミング教育を全国に

前章で、中学校の必修授業にプログラミングが登場した話や、将来予想される小中学校での早期の必修化について紹介しました。当然ながら、学校自体も重要なプログラミング教育の現場です。実は、そこでもNPOや民間企業が力となって、教育環境の構築に貢献しています。

先ほど取り上げたCANVASは、プログラミング教育を全国に普及させる取り組みも実施。CANVAS主催で、グーグルが後援するプログラミング教育普及プロジェクト「PEG《ペグ》」(Programming Education Gathering)では、プログラミングワークショップを開催する以外にも、様々な活動を行っています。

例えば、地域やNPO、教育機関、教育従事者、自治体、企業などが取り組むプログラミング教育の現場は徐々にですが増えつつあります。しかし、その実践者らが、より良いプログラミング教育とその環境作りに関して情報交換する機会は、まだあまりありません。そこでPEGは、彼らの交流を深めるためのコミュニティー作りを推進しているのです。

また、小中高校でプログラミング教育を導入したいと考える教師や学校を積極的にサポート。学校で生徒向けのプログラミング学習の講義を行うほか、教員に向けた研修会なども開催しています。グーグルがRaspberry Piを5000台提供し、CANVASがそれをワークショップ参加者や、プログラミング教育を授業に取り入れたい教育関係者や機関に提供するなど、環境構築の支援も合わせて行っています。

２０１４年には、ＰＥＧが東京都品川区立京陽《けいよう》小学校の全校生徒３４０名にRaspberry Piを一人一台配布し、授業での活用が始まったというニュースが話題になりました。理科や算数などの授業でScratchを使ったプログラミング学習を取り込み、実際の物理現象や計算をモデル化。例えば、「輪ゴムを引っ張る長さや輪ゴムの本数を変えると、ゴムの力はどうなるだろうか？」といった、シミュレーションする道具として活用されています。

同様に、ある中学ではRaspberry Piに各種センサーをつなぎ、Scratchでプログラミングを実践。例えばＬＥＤなどの電子部品をプログラムで制御する仕組みや論理思考を学ぶ授業が行われました。こうした動きは、全国の小中高校ですでに始まっているのです。

通う学校によっては、こんな支援活動の恩恵に運良く巡り合えるかもしれません。

プログラマーになることが目的？

ここまで見てきたように、日本各地で子どものプログラミング教育への取り組みが始まっています。しかし、おわかりのように、その活動の目的は「全国民をプログラマーにする」ことではありません。

もちろん、子どもが学ぶ過程でプログラムやコンピューターの創造的な側面に強い興味を持ち、プログラミングを心の底から楽しいと思うようになる可能性はあります。プログラムを書いて様々なシステム・製品・サービスを作りたい。将来プログラムを書く仕事を生業《なりわい》にしたい。そう思ったとしたら、それはすばらしいことです。ぜひ応援してあげるべきでしょう。

ただ、プログラミングを学ぶ機会を持った子どもの大部分は、プログラミングスキルを身につけつつ、将来は、直接プログラムを書く仕事に就かないかもしれません。でも、それでいいのです。

算数・数学を学ぶのは数学者になるためではありません。理科などもしかり。この世のあらゆることには数や計算、物理・化学現象などがあふれ、日常生活や経済活動・工業製品などにも深くかかわっています。全員がすべての専門的知識を持つ必要はないでしょう。しかし、それぞれの学問がどのように私たちの生活にかかわっているか、基礎的な知識や概念を把握しておくことは大切です。

また、学ぶ過程を通じて得られるものにもとても価値があります。例えば英語を学ぶことで、日本や日本語を客観的に捉えるきっかけになるでしょう。多種多様な人種、思想、文化の中で、日本人の位置付けについて考えるいい機会にもなります。

プログラミングも同様です。学校、ワークショップ、プログラミング教室。いずれにせよ、そこで学んだ基礎的な知識や概念、学ぶ過程を通じて得た経験は子どもたちの大きな財産となります。本章で紹介したように、現在プログラミング教育に携わる教育者の方々が子どもたちに対し、答が存在しない問題に対して能動的・自主的に判断し対応できる能力を育もうとしているのは、とてもすばらしいことです。

20世紀後半と比べても、今や生活の隅々にまでコンピューターやプログラミング的なものが深くかかわるようになりました。プログラミングを学んだ子どもたちが、将来いかなる職業に就き、いかなる形で社会とかかわることになっても、身につけた力が大いに役立つでしょう。

親子で一緒に学ぶメリットもある

以上のように、プログラミング教室などを通して学ばせることは、きっと子どもにとって刺激的で有意義な体験になるはずです。経済的、地理的な事情が許すなら、今すぐにでも体験させてあげてほしいと思います。

しかし、近所にそうした「場」がないとか、少し子どもの興味の程度を測りたいという人もたくさんいるでしょう。そんなときは、お父さんやお母さんの出番です。ぜひ、自らプログラミングの基礎について教えてあげてください。

「でも、プログラミングって得体が知れないし……」と考えている人でも大丈夫。次章で「プログラミング」の基本概念について、やさしくかみ砕きながら説明します。子どもに教えることは、自分の知識習得にもつながります。子どもとの絶好のコミュニケーション機会にもなるでしょう。

実は、大人がプログラミングを学んでも、子どもと同様に得られるメリットはたくさんあります。
・大きな問題を小さな問題の組み合わせへと分解する分析力
・小さな部品を効果的に組み立てることで、大きな目標を達成する論理的思考力
・製品やサービスの提供側と使う側など、違う視点を持つ者同士を効果的につなぐ能力
プログラムを作る行為を通して身につけられるこうした能力は、あらゆるビジネスにお

いても役立つはずです。

製品開発やサービス、企画、営業、経営。どんな分野でも、目標を決め、より細かい作業の組み合わせに落とし込み、どういう組み合わせにすれば最も効率的で高い効果が得られるかを考え、計画・実行することに変わりはありません。最終的に利用者が便利な製品にするために知恵を絞る。これはまさにプログラミングの作業そのものです。「プログラミング」は大きな魅力にあふれています。週末にゲーム感覚でお子さんと一緒に取り組んでみるのも楽しいものですよ。

第3章

「プログラミングって何?」と聞かれたら

Teach your kids to code
to turn them into billionaires

親子で一緒にプログラミングを学ぶために

「お父さん（お母さん）、プログラミングをやってみたらって言うけど、そもそもプログラミングって何なの？　お父さん（お母さん）もホントは知らないんじゃないの？」

古今東西、親たる者が我が子の前で立派な親でありたいと思うのは自然なこと。子どもを前に痛いところを突かれると、つい見栄を張りたくなるかもしれません。

しかし、子どもたちは私たち親世代とは違い、現代に生まれ現代に育っています。電話ボックスがズラリと立ち並ぶ光景には一切なじみがなく、一人ひとりが携帯電話やスマホを持つのが当たり前。ビデオテープやカセットテープといったメディアもほぼ知らず、動画はストリーミングで、音楽はダウンロード。携帯ゲーム機がＷｉ《ワイ》－Ｆｉ《ファイ》につながっているのも常識。日常的にウェブを閲覧、検索し、電話よりLINEのほうが楽チンと思う。そんな世の中で日々を送り、刺激を受け成長しているのです。「情報リテラシー」は、子どもたちのほうが日常の生活内で苦もなく身につけているのかもしれません。

そこでおすすめしたいのが、これを機に、親子で一緒になって「プログラミング」について学ぶことです。見栄など軽く捨て去りましょう。

むろん、「みんなでプログラマーになろう」というのではありません。今さら分厚いプログラミングの入門書を前に頭を抱えたり、呪文のようなプログラムコードを慣れない手つきで入力し、イライラしながらエラーメッセージと格闘する必要はありません。

「プログラミングって何だろう？」「日々の生活に、知らずに取り込まれ実行している、プログラミング的な行為や思考ってどんなもの？」など。まずはそんなことから少しずつ理解していきましょう。今までただ使うだけだったテクノロジーやサービス、製品について、「あまり考えたことはなかったけど、こういう理屈で動いていたんだ！」と気がつくかもしれません。

一緒に学ぶことは、現代を生きる子どもたちが無意識に身につけている感覚を理解し、共感するための助けになるでしょう。子どもと同じ目線で同じ土俵に立ち、協力しながら理解を深めていければ、こんなにすてきな親子コミュニケーションはないはずです。子どもはあっという間に自発的に学びだし、いつか親の理解が及ばない知識を身につける日が訪れます。でも、それはむしろ喜ばしいことです。

子どもにプログラミングのおもしろさを伝えるために、まずはご自身で「プログラミングって何?」という答を探す旅に出てみましょう。

「プログラミング」って何だろう?

さて、あらためて「プログラミング」とは何なのか、考えてみましょう。なんだかとてつもなく難しく、よくわからないことのように思われるかもしれませんが、落ち着いて考えると単純なことです。

「プログラミングとは、プログラムを書くことである」

あまりにも、そのままですね。では、「プログラム」とは何でしょう。

「プログラムとは、コンピューターにやってもらいたいことを、コンピューターが理解できる方法で書いた手順書である」

そうです。コンピューターを自分の思い通りに操り、動かし、目的を達成したい。その手段としてプログラム(ソフトウェア)を書く。それが「プログラミング」なのです。

コンピューターとは「計算機」です。計算・演算を、言われた手順に従い粛々と、しかし人間とは比較にならない超高速で行ってくれる機械(ハードウェア)です。

どのくらい計算がすごいのか。スーパーコンピューターに関する話題をニュースで目にしたことはないでしょうか。その際に円周率（π《パイ》）の計算の話が引き合いに出されることがあります。

```
3.14159265358979323846264338327950288419716939937510582097494459230
7816406286208998628034825342117067982148086513282306647093844609550
5822317253594081284811174502841027019385211055596446229489549303819
6442881097566593344612847564823378678316527120190914564856692346034
8610454326648213393607260249141273724587006606315588174881520920962
8292540917153643678925903600113305305488204665213841469519415116094
3305727036575959195309218611738193261179310511854807446237996274956
7351885752724891227938183011949129833673362440656643086021394946395
2247371907021798609437027705392171762931767523846748184676694051320
0056812714526356082778577134275778960917363717872146844090122495343
0146549585371050792279689258923542019956112129021960864034418159813
6297747713099605187072113499999983729780499510597317328160963185950
2445945534690830264252230825334468503526193118817101000313783875288
6587533208381420617177669147303598253490428755468731159562863882353
7875937519577818577805321712268066130019278766111959092164201989380
9525720106548586327886593615338182796823030195203530185296899577362
2599413891249721775283479131515574857242454150695950829533116861727
8558890750983817546374649393192550604009277016711390098488240128583
6160356370766010471018194295559619894676783744944825537977472684710
4047534646208046684259069491293313677028989152104752162056966024058
0381501935112533824300355876402474964732639141992726042699227967823
5478163600934172164121992458631503028618297455570674983850549458858
6926995690927210797509302955321165344987202755960236480665499119881
8347977535663698074265425278625518184175746728909777727938000816470
6001614524919217321721477235014144197356854816136115735255213347574
1849468438523323907394143334547762416862518983569485562099219222184
2725502542568876717904946016534668049886272327917860857843838279679
7668145410095388378636095068006422512520511739298489608412848862694
5604241965285022210661186306744278622039194945047123713786960956364
3719172874677646575739624138908658326459958133904780275900
```

円周率小数点以下2000桁まで。筆者の手元にあるノートパソコンを使い、6秒くらいで計算した3000桁分から抜粋

円周率はコンピューター黎明期の１９４９年には、ENIAC《エニアック》という当時の巨大なコンピューターを使い、70時間の計算をしても、小数点以下２０３５桁までしか求められませんでした。それが２０１３年には、家庭用のパソコンを使い94日かけて12兆１０００万桁までの計算を達成しました。あまりに桁数が多すぎて、もはやわけがわからないレベルです。そもそも、94日というのは速いの？と思うかもしれません。しかし、人間だけではとても達成できないような桁数、速度であることは事実です。94日

間不眠不休でひたすら計算だけを行える人間など、この世にはいません。

「いやー、コンピューターって本当にすごいなぁ」

確かにそうなのですが、本当にすごいのは人間です。言われた通りにしか計算できない機械に対し、どうやって円周率の計算を行うかを指示しているのは人間なのです。どうやったら計算間違いがなく、かつ高速に効率良く円周率の計算ができるか。コンピューターが理解可能な手順書(プログラム)を考えて書き、コンピューターを設計し、作ったのも人間なのです。ましてやコンピューター上で実行したのは、ほかならぬ人間です。

コンピューター　ソフトがなければ　ただの箱

この有名な川柳?を残したのは、1980年代のマイコンブームのときに人気を博した、Dr・パソコンこと宮永好道《よしみち》さんです。プログラミングとは、無骨で融通の利かないコンピューターを意のままに操り、人間だけでは成しえないことを実現するために利用する、本当に高度で知的な創造作業なのです。

「プログラム」の語源

ところで、現代では「プログラム」といえば、コンピューターに対する命令手順（ソフトウェア）を主に指し、「コンピューター」といえば、プログラムによって計算や処理を行う機械（ハードウェア）を指します。しかし、「プログラム」という単語は、コンピューターがこの世に生まれる前からありました。

例えば「プログラム」という言葉を、入学式や卒業式、結婚式に運動会、コンサート、テレビ放送、フィットネス、ダイエット……などで使います。演目や曲目、番組、行為などについて、あらかじめ決めて書き下《くだ》した順序や手順のまとまりを「プログラム」と呼んでいます［図1］。また、それが書かれた紙やパンフレット、冊子のことも同じく「プログラム」と呼びます。日本語でいうと「式次第《しきしだい》」「式次《しきじ》」「目録《もくろく》」「番組」などです。

1. 開会式
   - 1.1. 開会宣言、生徒入場
   - 1.2. 校歌斉唱
   - 1.3. 校長先生のあいさつ
   - 1.4. PTA会長の祝辞
   - 1.5. 学生代表による選手宣誓
   - 1.6. 準備体操（全体）
   - 1.7. 生徒退場
2. 競技・演技（前半）
   - 2.1. 1年生 50m走
   - 2.2. 4年生 ダンス
   - ⋮

［図1］小学校での運動会プログラムの例

「プログラム」(programme)の語源

は古く古代ギリシャにまでさかのぼり、「あらかじめ」(pro-)「書き下されたもの」(-gramme)という意味で構成されています。「式や番組をこのように進行させましょう」と書き下した手順も、「コンピューターにこう動いてほしい」とあらかじめ書き下した手順も、どちらも「プログラム」というわけです。

現代において「プログラム」や「プログラミング」という単語に、訳語は定着していません。カタカナでそのまま使われています。しかし、1970年代頃には「プログラム：**算譜**《さんぷ》」「プログラミング：**作譜**《さくふ》」という訳語が一部で使われていました。ちなみに中国では、「プログラム：**程序**」「プログラミング：**程序設計**」と漢字で表記します。

解釈するなら、例えば「算譜」＝「計算の手順を表した譜面」、「程序」＝「計算の過程を順序だてて書いたもの」となるでしょう。

今となっては「算譜」と聞いてもピンときませんが、漢字をじっくり眺めてみると、プログラムやプログラミングのイメージがなんとなく伝わってきます。

「プログラミング」とおつかい

もう少し「プログラミング」を具体的にイメージしてもらうために、子どもにおつかいを頼むケースを考えてみます。おつかいを頼む内容が「プログラム」、おつかいを頼む相手が「コンピューター」と見立てていると思ってください。

おつかいの目的は、親が必要とする品物を間違えずに買い、安全に家に持ち帰ってきてもらうことです。おつかいを頼む相手が大人なら、その指示は

「今夜はお好み焼きだから、材料買ってきてね」

だけで済むかもしれません。頼まれた人は、自ら様々なことを決めてくれます。冷蔵庫の中身をチェックして何を買う必要があるか判断して書き出す。最寄りのスーパーをいくつか思い描き、チラシやウェブで価格をチェック。売り切れの場合に次にどのお店に行くかを想定。夕食の調理を開始するまでの時間や店までの距離、天気などを総合的に考えて、交通機関（徒歩、自転車、自家用車、バスなど）を選択するなど「勝手に」してくれます。

これが、小学校低学年の子どもに頼む場合ならどうでしょう。今書いたようなことを子どもに求めるのはさすがに難しいはずです。ではどうすればいいでしょうか。

家のキッチンや冷蔵庫にある食材以外で買い足さないといけないものは何か、それはどのくらいの量か。子どもが一人で持って帰ってこられる量か。食材の名前を子どもが知っ

ているか、ＰＯＰやパッケージに書いてある品名表記を子どもが読めるか。品質や価格の点で、どのスーパーに買いに行かせるのがいいか。値段や量の違いがあるものが複数ある場合、その判断ができるか。どの交通手段、ルートを使わせるのが最も安全か……。

そうした、あらゆることを考えて、例えば以下のように口頭、あるいはメモ書きを渡して伝えるでしょう。

「○○ちゃん、今日の夕食はお好み焼きだから、次の４つを買ってきてほしいの。小麦粉と、山芋と、豚バラ肉と、マヨネーズね」

買ってきてほしい４つの食材と調味料についても、より詳しい説明を加えたほうが安心です。

「小麦粉は『薄力粉（はくりきこ）』と書かれたもの。１kgって書いてある袋に入っている、２５０円より高くないものを選んでね」

「山芋は『大和芋（やまといも）』って書いてあるもの。なければ『長芋（ながいも）』って書いてあるものにしてね」

「量はそんなにいらないから、いちばん小さいもので」

「豚バラ肉は薄切り、２００gにいちばん近いものを選んでね」

「マヨネーズは400gの『カロリーハーフ』って書いてあるものにしてね」

スーパーへの行き帰りのことも心配なので、こんな言葉も添えましょう。

「××スーパーまでは、いつもの通学路を通って、気をつけて行ってね」

「寄り道して遅くならないように、夕方5時までに帰ってきてね」

頼んだものが売っていないとき、子どもが困らないよう、ついでにひと言加えます。

「もし売ってないものがあったら買わなくていいからね」

天気予報があまり芳《かんば》しくなければ、こう伝えるのも忘れずに。

「雨が降るかもしれないから、傘を持っていってね」

子どもがどうしていいかわからなくなったときのために、最終手段的なアドバイスを伝えるのもいいでしょう。

「どうしてもわからないときには、お店の人に相談してみてね。それでもわからないときや、何か困ったことが起こったら、お買い物はいいから、すぐにおうちに帰ってきてね」

おつかいを無事に成功させるために、子どもがわかる言葉を使い、子どもが理解可能な内容で、子どもの気持ちになって考え、指示として伝えます。考えうる可能性を列挙し、不測の事態が起きた際に困らないように最後の手段も添えて。

では、これをメモ書きとして子どもに渡すとしたら、どのように書くでしょうか。もっと簡潔にポイントを押さえて箇条書きで書けば、子どもにもわかりやすいでしょう［図2］。

コンピューターのプログラミングでも基本は同じです。自分が実現したいと思っている目標を、人間ではない「コンピューター」という機械にやってもらう。そのために、コンピューターに誤解なく伝わり、粛々と遂行してもらい、何か不測の事態が起きても停止したりしないように、コンピューターが理解できる形で厳密に書き下した動作の手順書。それがプログラムなのです。

人への意思伝達でも、コンピューターのプログラミングでも、相手にわかるように、相手の気持ちを考えて、誤解のないように伝えることが大事です。

「プログラミング」と自動販売機

ここで「プログラミング」の理解のために、日本人にとって身近な「自動販売機」について考えてみましょう。実はおなじみの自動販売機でもプログラムが活躍しています。

缶飲料からコインパーキングなどの自動サービス機まで含めた国内台数は、２０１３年

●行き先

・××スーパー
・いつもの通学路を通ってスーパーまで行くこと！
寄り道はダメ！

●持ち物

・おさいふ
・買い物ぶくろ
・傘

●買ってきてほしいもの

・小麦粉（こむぎこ）1ふくろ
- 「薄力粉」（はくりきこ）
- 1kg
- 250円以下
・山芋（やまいも）1つ
- 「大和芋」（やまといも）または「長芋」（ながいも）
- 売っている中でできるだけ小さいもの
・豚（ぶた）バラ肉 1パック
- 200gにいちばん近いもの
・マヨネーズ1つ
- 400g
- 「カロリーハーフ」

●売ってないものがあったとき

・買ってこなくてだいじょうぶ

●困ったときは

・お店の人に相談して！
・どうしてもわからなければ家に帰ってきて！

［図2］おつかいのメモの例

末の時点で約509万台。国民一人あたりの設置台数は日本が世界一だそうです。

自動販売機の最も基本的な機能は、商品の保管、販売と金額の計算です。お客がいくら投入したか、その金額で購入可能な商品はどれか、おつりがいくらになるか。金額計算や販売機内の商品管理にプログラムが大きな役割を果たしています。一連の流れを思い浮かべながら、ジュースの自動販売機がどんな処理をしているか、書き出してみましょう。

・自動販売機に商品(缶ジュース)が入っているか
　↓入っていなければその商品の「売り切れ」ランプを点灯
・お客が投入したお金はいくらか
　↓硬貨が投入されるたびに投入合計額を確認
・投入合計額で買える商品はどれか
　↓購入可能商品は「購入可能」ランプを点灯
・お客が押したボタンはどの商品のものか、それは購入可能か
　↓投入額で買える商品か、売り切れではないか
　↓購入可能商品のボタンが押されたら、商品を出す
・おつりはあるか。おつりがあればいくらになるか

↓おつりがあれば出す

ちょっと考えただけでも、これだけあります。実際には、自動販売機はもっと多くのことを判断し、動作するようにプログラミングされています。ほかにどんなことに気をつけなければいけないか、思いつくものを書き出してみましょう。

・おつりの硬貨が足りないときはどうする？
・お金が投入されたあと、しばらくの間、何もボタンが押されなかった場合はどうする？
・途中で「返却」ボタンが押された場合はどうする？
・硬貨や商品が途中で詰まってしまった場合はどうする？

実際の自動販売機では、スロットマシーンのような「当たり」機能がついていたり、「ホット」「コールド」の飲み物の温度管理があったり、アルコール飲料やタバコであれば購入者の年齢確認を行ったりと、より多くの判断や処理をします。そして、右に箇条書きした項目は、それぞれがより細かい動作や処理の組み合わせによって成り立っています。

自動販売機でジュースを1本買う。たったそれだけの行動の裏にも、プログラムが大きくかかわっているのです。

昔の自動券売機でプログラミングを考察

私がたまたまコレクションしていた雑誌『数学セミナー』1969（昭和44）年10月号に、ちょうど自動販売機を題材にした興味深い記事があります。SYSTEM 5さんが執筆した「自動販売機の知能」という記事に、昭和30年代頃に実際に使われていた自動券売機を入手し実験をした結果や考察が書かれています。少し紹介してみましょう。

現在のように様々な種類の切符を売るのではない、15円の切符専用の自動券売機があります。投入した硬貨の合計が15円以上になったら、自動的に15円切符が出てきます。

この券売機では5円玉と10円玉が使えます。この券売機に硬貨を投入する場合、どんな順番が考えられるでしょう。そして、そのときに出てくるおつりは何円でしょう。

・5円玉→5円玉→5円玉（15円）
　↓15円切符が出てくる。おつりはない。
・10円玉→5円玉（15円）

↓15円切符が出てくる。おつりはない。
・5円玉↓10円玉（15円）
↓15円切符が出てくる。おつりはない。
・10円玉↓10円玉（20円）
↓15円切符と、おつり5円が出てくる。

さて、実はこれ以外に、入れる順番があと一通りあります。ご自身でちょっと考えてみてから次に進んでください。

自動券売機で困った事案が発生

ほかにはどんな硬貨投入の順番を思いつきましたか。
・5円玉↓5円玉↓10円玉（20円）
↓15円切符と、おつり5円が出てくる。
という順番が抜けていましたね。
ところが、です。なんと、『数学セミナー』の記事に出てきた実際の自動券売機では、こういう順番で硬貨を投入した場合、切符は出てくるのにおつりが返ってこなかったそうです。逆に「自動券売機を設計する人がそんな変な順番で入れる人のことまで考えていたらきりがない。変な順番で入れたあなたが悪い、と言われるのがオチだったでしょう」といったユーモラスな所感が、先の記事には書かれていました。

昔は、自動販売機に投入した硬貨の合計額を計算するのに、現在のようなコンピューターは使われていませんでした。からくり人形の時代より進んでいたとはいえ、どんな硬貨がどういう順番で入れられたのか、考えうるすべての組み合わせに応じてそれぞれ機械仕掛けで処理していたのです。しかし、この「おつりが返ってこなかった」組み合わせは、「券を買う人は、まさかそんな順番では入れないだろう」と、考慮していなかったことになります。あるいは、考慮はしたものの別の事情でできなかったのかもしれません。

ここで、この15円切符専用の自動券売機がどんな風に動いているのか、その流れを図にして追ってみましょう【図3】。いちばん上の「0」がスタート地点で、5円玉や10円玉が投入されるたびに次の「丸」に移っていきます。

本来、「5＋5」の丸の状態で10円玉が入れられたら、「5＋5＋10」という状態になり、切符を出して5円のおつりを出さないといけません。そこが抜けていたために、この券売

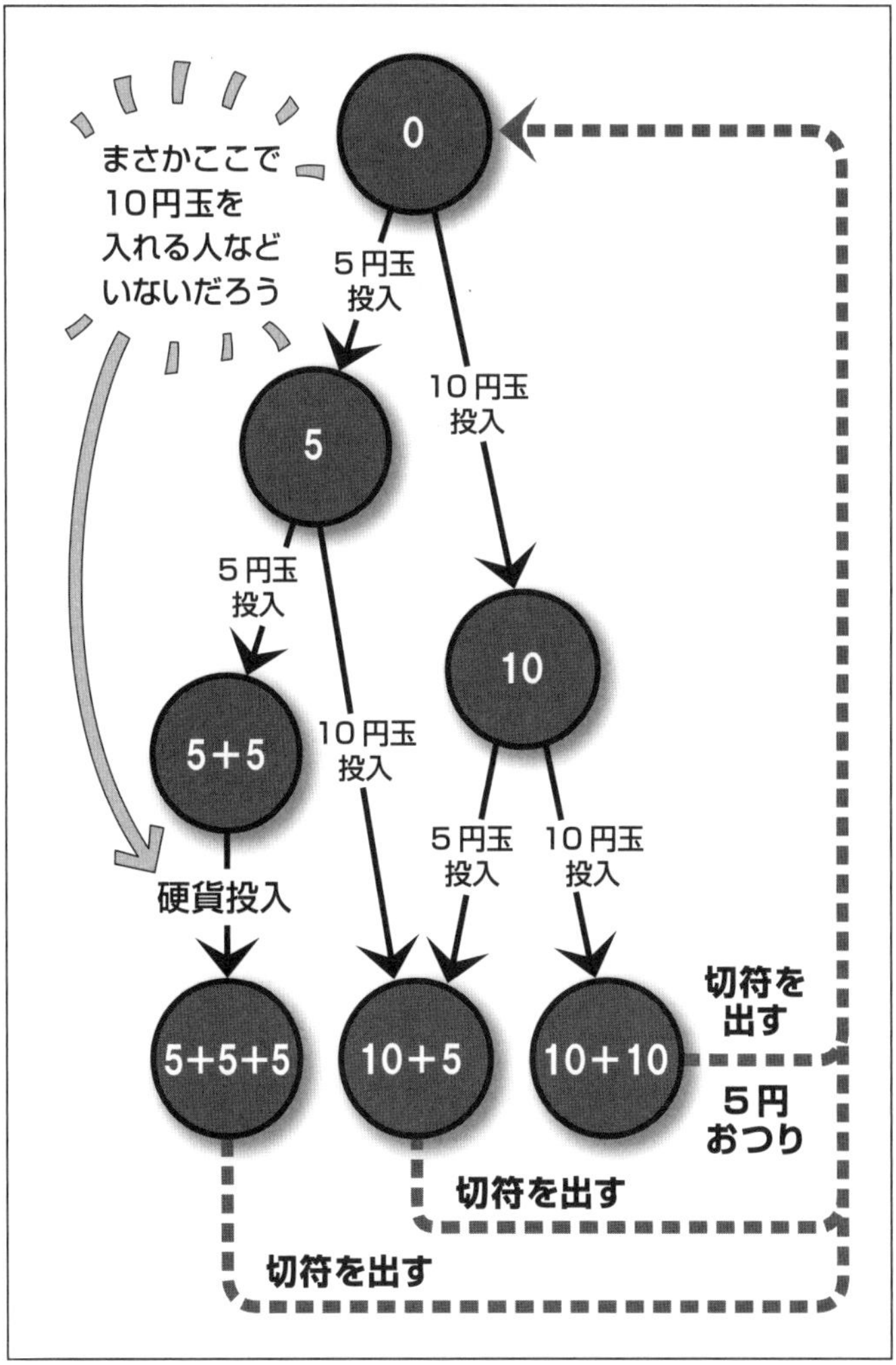

［図3］『数学セミナー』の記事に出ていた自動券売機の流れ。上部の「0」のところから、投入した硬貨の金額に従った状態の変化を表現する「状態遷移図」

機は5円のおつりを返さないのでしょう。

状態遷移図と状態遷移表で整理する

[図3]のようなものは、「**状態遷移図**《せんいず》」と呼ばれます。機械やプログラムがどのように動くか、どのような状態を取りうるのかを整理するために使います。プログラミング作業では、こうした図や表を活用しながら考えを整理することがとても大切です。

ここで、先ほどのように「最初に5円玉を入れて、次に5円玉を入れて……」と枝分かれして考える代わりに、「今までに入れた金額の合計はいくらだろう?」という点に注目して、きちんと動く自動券売機の状態遷移図を書いてみましょう[図4]。

最初は投入合計金額が「0円」という状態で、そのときに5円玉を入れれば「5円」という状態に移ります。さらに5円玉を入れれば「10円」という状態に移ります。「0円」の状態のときに10円玉を入れても「10円」という状態に移ります。これなら、「5円→5円→10円」と投入した場合、「20円」の状態に移り、きちんと5円のおつりが返ります。

[図3]では、状態を表す丸はただ単に「投入した硬貨が何か」を表すだけでした。しかし、

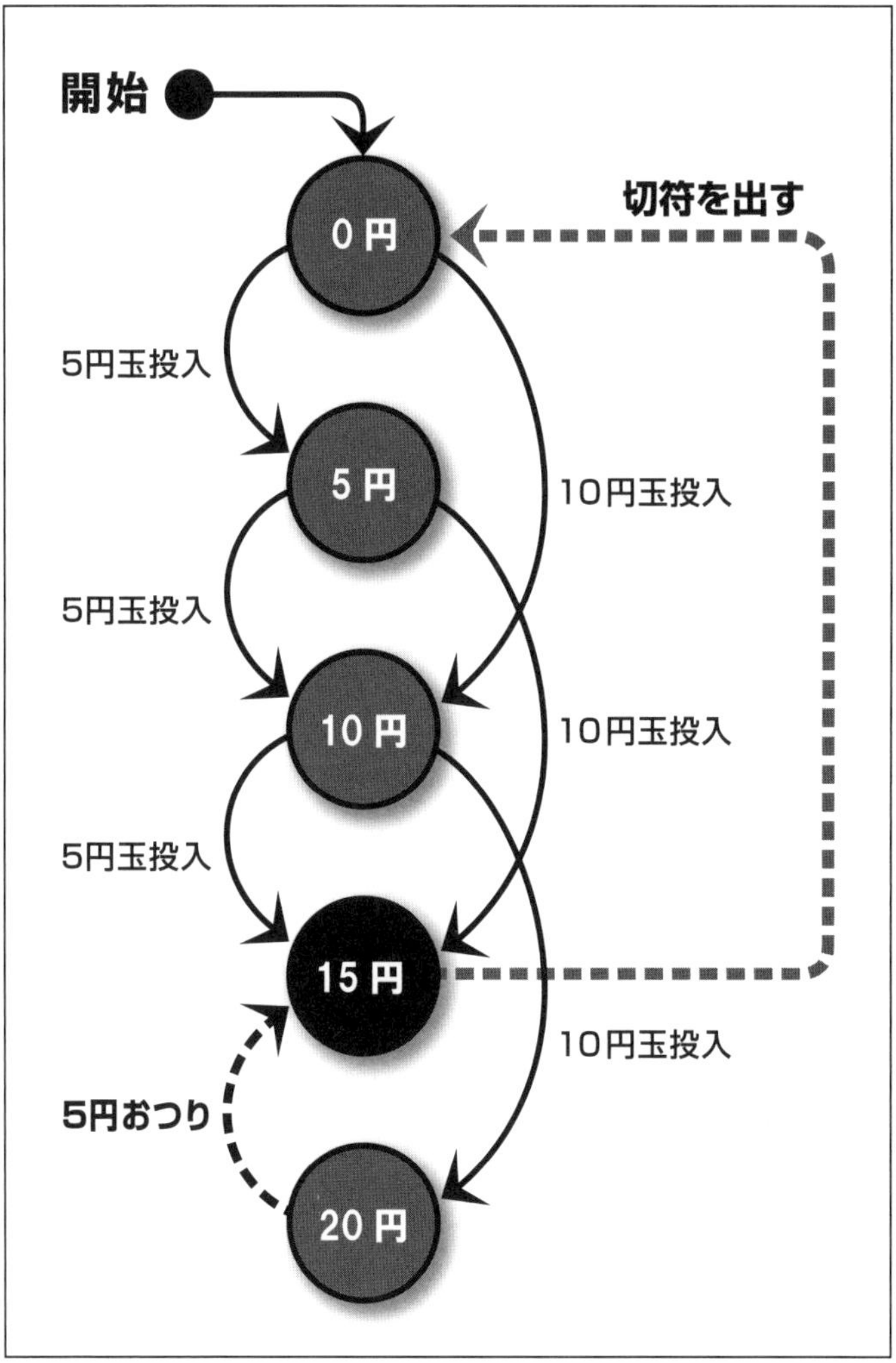

［図4］図3と別の視点で作成した「状態遷移図」。この図の丸の中は、合計金額という「状態」を示す

		イベント	
		5円玉投入	10円玉投入
状態	（0円）	何もしない →（5円）へ	何もしない →（10円）へ
	（5円）	何もしない →（10円）へ	切符を出す →（0円）へ
	（10円）	切符を出す →（0円）へ	切符とおつり5円を出す →（0円）へ

状態遷移表。「ある状態のときに、あるイベントが起こったら何を行うか」、そして「次にどの状態に移るか」を表の形で表現している

【図4】の状態遷移図では、丸が「投入した硬貨の現時点での合計額」を表しています。つまり自動券売機は、合計金額という「状態」で、投入金額を把握できるようになったともいえます。

状態遷移図は、「実際にどういう方針でプログラミングをしようか」「どういう風にプログラムを組み立てていこうか」と考える際、コンピューター側の状態（この例でいえば、その時点での合計投入額がいくらか、という状態）を整理するためによく使います。

この状態遷移図と対になるものに「**状態遷移表**」というものもあります。これは、「状態」（その時点での合計投入額はいくらか）と「イベント」（硬貨を投入するなど）の組み合わせを表にしたもので、「ある状態のときに、あるイベントが起こったら何を行うか」、そして「次にどの状態に移るか」を表の形で表現したものです。

「状態」と「イベント」を表にすることで、どこか見落としているところはないか、人間の目で見て、気づきやすくなるメリットがあります。

フローチャートとプログラムの基本部品

もう少し「プログラミング」に関するイメージを深めるため、先ほどの15円切符専用の自動券売機の動作の流れを、状態の遷移とは違う観点から見てみましょう。

プログラムについて考えるときに、「**フローチャート**」を使うことがあります。これは、「コンピューターにこのように動いてほしい」という流れを、筋書きのように図を使って表したものです。実際に書くプログラムの流れに近いこともあってよく使います。プログラム以外の世界でも仕事や作業の流れを整理するのに利用されるので、どこかで目にしたことがあるかもしれません。日本語では「流れ作業図」、あるいは単に「流れ図」と訳されます。

先ほどの自動券売機の動作をフローチャートで書くと、【図5】のようになります。

長方形は「**処理**」と呼ばれる部品で、作業・計算などの処理を行うことを表します。この例では「投入額合計を計算」「おつりを計算する」などが該当します。

ひし形は「**条件分岐**」と呼ばれる部品です。もし、○○が正しければこちらへ、正しくなければあちらへ、と文字通り条件が成立するかしないかによって流れを分岐させます。

ここでは「投入額合計が15円以上?」「おつりがある?」です。

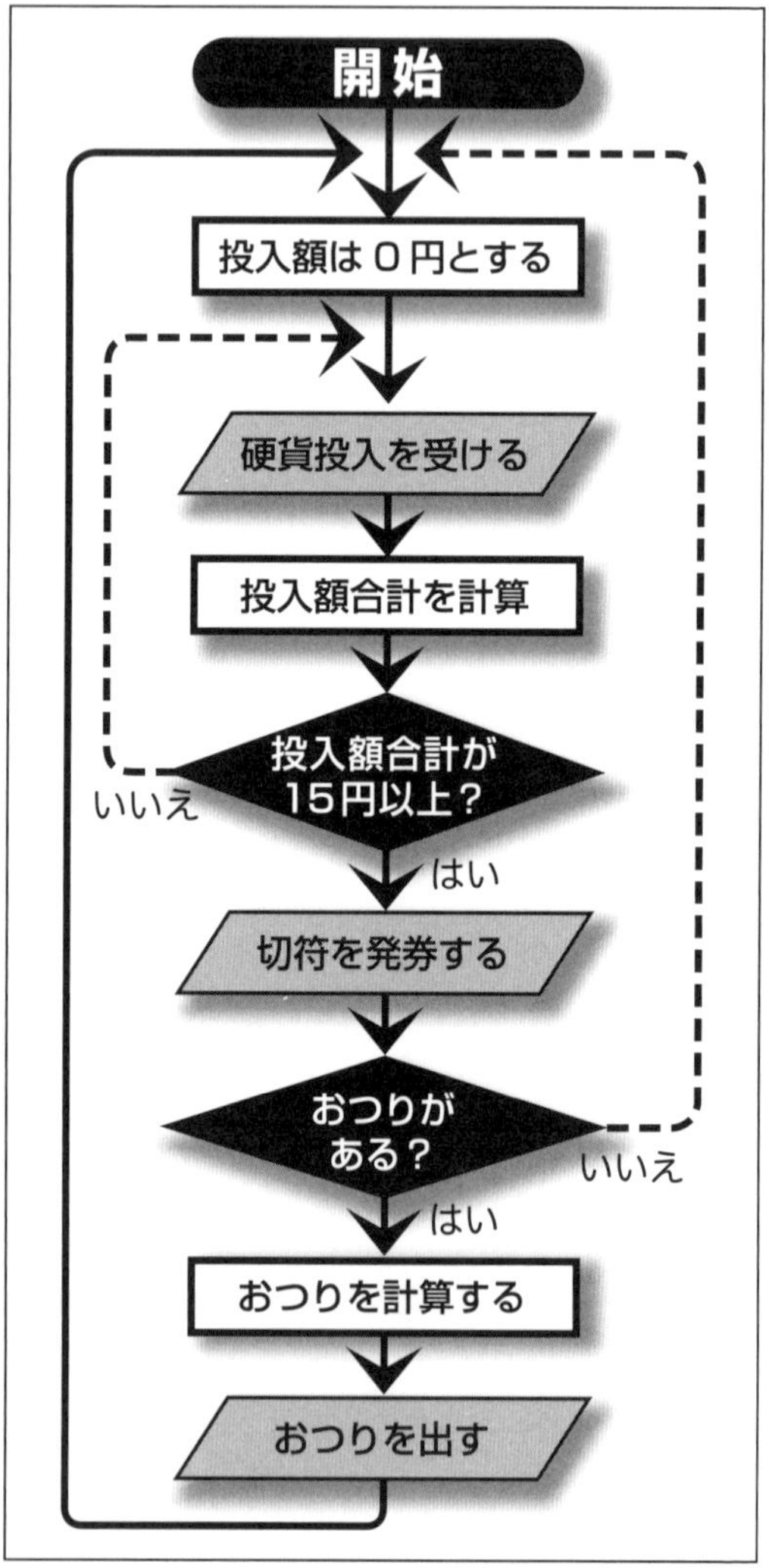

［図5］フローチャートで自動券売機の動作を整理してみる

平行四辺形は「**入出力**」です。フローチャートの対象（この例なら自動券売機）に対して行われる入力・出力という動作を表します。この場合は、「硬貨投入を受ける」のが「入力」で、「切符を発券する」や「おつりを出す」のが「出力」です。

フローチャートは、プログラムの流れやポイントを人間が見てわかりやすいように表現した図です。今回は15円切符専用の自動券売機という、非常にシンプルな動きのプログラムなので、とても簡素な流れで構成されています。しかし、こんな簡単な例でも、プログラムの最も基本となる構成要素、最も基本的な部品がすべて詰まっているのです。

プログラミングの基本となる構成要素

実は、どんなプログラムであっても、細かく分解していくと、基本となる3つの要素に突き詰められます。

・**処理**（別名「順次」）
　コンピューターに行わせる計算や作業などの処理そのもの

・**分岐**（別名「条件分岐」）

ある条件が成り立つ場合、成り立たない場合に合わせて、処理の流れを変える処理

・反復（別名「繰り返し」）

ある条件の間、一定の処理を繰り返す処理

プログラムは、これら3つを構造的に組み合わせ、積み重ねることで書かれます。先ほどの自動券売機のプログラムの例でも、「おつりがあるならば、おつりを出す、なければ出さない」「投入金額合計が15円以上になるまで、投入された硬貨を繰り返し受け取る」といった形で、分岐や反復の要素が使われていました。

プログラミングする人は、まずこれら3つの基本要素を組み合わせたプログラムを一つの処理としてまとめます。そして、そのまとめたプログラムを複数作り、階層的、構造的に組み立てていくことで、より大きなプログラムを作るのです。

この「階層化」や「構造化」は、プログラミングにとってとても重要な意味を持ちます。プログラムを組み合わせて構造化していくことで、プログラム自体をよりわかりやすく、読みやすくでき、管理しやすくできる。このような方法論を1969年に「構造化プログラミング」という名前で最初に提唱したのは、オランダ人の計算機科学者、エドガー・ダイクストラです。

「階層化」や「構造化」についてもう少し詳しく、本章の前半に登場した「おつかい」を例に説明していきましょう。

「小麦粉は『薄力粉(はくりきこ)』と書かれたもの。1kgって書いてある袋に入っている、250円より高くないものを選んでね」

　この部分を

【処理】250円以下で売られている薄力粉1kgを見つけて、買い物カゴに入れる

と書き換えてみます。実はこの一つの「処理」自体が、より小さな「処理」「分岐」「反復」で組み立てられています。試しにこの薄力粉を選んで買う部分について、より細かく書き下してみましょう。ただし、これがただ一つの正解とは限りません。ほかにも実現する方法はあるかもしれません。

【処理】小麦粉の売り場を探す
【処理】売っている小麦粉の中から、1kg、かつ250円以下の薄力粉を探す
**　【分岐】右の中で条件に該当する商品はあったか？**
**　　【処理】あれば、一つ選んで買い物カゴに入れる**
**　　【処理】なければ、買わない**

そして、ここに書いた「処理」もまた、より小さな「処理」「分岐」「反復」で組み立てられているのです。例えば「小麦粉の売り場を探す」であれば、次のようになるでしょう。

【分岐】小麦粉の売り場をすでに知っているか？
**　【処理】知っていれば、その売り場に向かう**
**　【処理】知らなければ、店員さんを探して売り場を教えてもらう**

同様に、「売っている小麦粉の中から、1kg、かつ250円以下の薄力粉を探す」をより細かく分解すると、以下のような組み合わせになります。

【反復】売り場にある小麦粉の全種類について、以下のことを繰り返す
**　【分岐1】その小麦粉は「薄力粉」か？**
**　　【処理】薄力粉であれば、【分岐2】へ**
**　　【処理】そうでなければ、候補から外し、次の小麦粉へ**
**　【分岐2】その薄力粉は1kgと書いてあるか？**
**　　【処理】1kgであれば、【分岐3】へ**
**　　【処理】そうでなければ、候補から外し、次の小麦粉へ**
**　【分岐3】その薄力粉の価格は250円以下か？**

【処理】250円以下であれば、候補に入れる
【処理】250円より高ければ、候補から外し、次の小麦粉へ
【処理】選んだ候補の中から一つ選んで買い物カゴに入れる

このように、コンピューターに指示をする「処理」は、より細かい「処理」「分岐」「反復」の組み合わせへと分解していけます。逆にいうと、プログラムとは、コンピューターが理解できる本当に単純な命令の組み合わせを使い、大きく積み重ねたものなのです。

アルゴリズムって何だろう

さて、プログラミングを行ううえで欠かせないものに、「アルゴリズム」があります。NHK Eテレの教育番組「ピタゴラスイッチ」に出てくる「アルゴリズム体操」などで、言葉自体は耳にしたことがあるかもしれません。では「アルゴリズム」とは何でしょうか。「アルゴリズム」とは、「問題を解く手順を表現したもの」です。ここまで説明してきた「プログラム」に似ていますが、ひと言でいうと「アルゴリズムを手順として書いたものがプログラムである」ということになります。詳しく見ていきましょう。

例えば、「1から100までの連続する整数をすべて足し合わせた合計を求める」という数の問題について考えてみます。【図6】を見てください。

二つあるどちらの方法でも計算間違いをしない限りは、結果として「1から100までの数の合計」を正しく求められます。では、どちらの計算が楽で、どちらが計算を間違えにくいでしょう。どちらが時間をあまりかけずに済むと思いますか。

解き方1も2も、問題を解く手順・方法という意味で「アルゴリズム」です。そしてどちらの手順でも正しい答を出せます。しかし、解き方1は99回も足し算を行わなければならないのに対し、解き方2では足し算1回、掛け算1回、割り算1回だけで答を導き出せます。

1から100までではなく、1から1000までの合計を求める問題だったらどうでしょうか。解き方1では999回の足し算が必要ですが、解き方2ではやはり足し算1回、掛け算1回、割り算1回だけで答が導き出せます。

この両者の場合、解き方1のアルゴリズム（すべての数を順番に足し合わせて答を得る）に比べると、解き方2のアルゴリズム（等差数列の和の公式を使って答を得る）のほうが、より楽により早く解けるという意味で、良いアルゴリズムといえます。

プログラミングの世界でもまったく同じです。コンピューターを使って達成したい目的があるとしましょう。そうしたらまず、その目的をいかに効率良く、間違いが起こらないように達成すればいいのか、その具体的な手順（アルゴリズム）を考えます。場合によっては複数の手順の中から最も良いと思われるものを選び出します。そして手順をコンピューターがわかるように書き下した手順書（プログラム）を作ります。

解き方1　すべての数を順番に足していく

1 ＋ 2 ＝ 3

3 ＋ 3 ＝ 6

6 ＋ 4 ＝ 10

10 ＋ 5 ＝ 15

15 ＋ 6 ＝ 21

……

……

4753 ＋ 98 ＝ 4851

4851 ＋ 99 ＝ 4950

4950 ＋ 100 ＝ 5050

解き方2　等差数列の和の公式を使う

（1+100）×100÷2=5050

1	2	3	4	……	47	48	49	50
＋	＋	＋	＋		＋	＋	＋	＋
100	99	98	97	……	54	53	52	51
‖	‖	‖	‖		‖	‖	‖	‖
101	101	101	101		101	101	101	101

101×50＝5050

［図6］1から100までの合計は、どちらの解き方でも求められるが、かかる手間が全然違う

つまり、アルゴリズムとは問題を解く手順であり、その手順を矛盾なく厳密に表現する手段がプログラムなのです。

ちなみに、本章前半でプログラムの日本語訳「プログラム：**算譜**」「プログラミング：**作譜**」と中国語訳「プログラム：**程序**」「プログラミング：**程序设计**」を紹介しましたが、アルゴリズムの訳は興味深いことに、日本語でも中国語でも共通して「**算法**《さんぽう》」です。

「譜」という漢字には「音楽を音符で書き表したもの」という意味のほか、「系譜」や「年譜」などに使われる「順序立て、系統立てて書き記したもの」という意味もあります。つまり「算譜（プログラム）」は「算法（アルゴリズム）を順序立て、系統立てて書き記したもの」となるのです。

日常にひそむアルゴリズム

日常生活の中にもアルゴリズムはあふれています。人は朝起きてから夜寝るまで、ありとあらゆる行動の中で無意識のうちにアルゴリズム（問題を解く手順）を考え、行動しているのです。いくつか例を挙げてみましょう。

ランドセルに詰める

例えば子どもが学校に行くとき、教科書やノート、筆記用具、体操服、絵の具セット、水筒、連絡袋、その他を持っていきます。これらをランドセルやかばんに入れ、あるいは直接手に持ったり、肩からかけたりします。このとき、何をどのかばんにどの順番で入れていけば「結果として持ち物がいちばん少なくできるか」、あるいは「持ち運ぶのが楽になるか」を考えます。そこで考える手順もコンピューター科学などで出てくる「ナップサック問題」や「箱詰め問題」といわれる問題を解く、立派な「アルゴリズム」です。

移動経路を考える

電車で通勤する際、いつも使っている路線が事故で止まってしまいました。通常とは違う路線を乗り継ぎ、場合によってはバス、タクシー、徒歩なども使って出勤時刻に間に合うように経路を考えなければいけません。手持ちの現金やICカードの残金が心もとなければ、どの経路がいちばん安く済むかも考える必要があります。これらも最短経路、最安経路を考えるという「アルゴリズム」です。

辞書を引く

子どもが紙の国語辞典を開いて、知らない単語の意味を調べようとします。「プログラミング」という単語を辞書で引くとき、どうするでしょう。

[図7]のように五十音の前後関係を使って、辞書の中を行ったり来たりしながら「プログラミング」という言葉があるページを探すはずです。

実際には、辞書の小口《こぐち》(指を当ててめくる面)には、あかさたな順に「つめ」(インデックス)が印刷されているので、それを頼りに「は」行の真ん中あたりをめがけて最初のページを開くはずです。

実はこの「辞書を引く」という行為も、「二《に》分《ぶん》探索法」と呼ばれる「アルゴリズム」なのです。もちろん、最初のページから順番に1ページずつ見ていくという、いかにも面倒臭い方法も「アルゴリズム」で、こちらは「効率の悪いアルゴリズム」となります。

1. 辞書のページを適当に開き、書かれている単語を見る

2. そのページが「ふ」より前なら
　　より後ろのページを適当に開いて2.に戻る

3.「ふ」より後ろなら
　　より前のページを適当に開いて2.に戻る

4. そのページが「ふ」なら
　　1. そのページに書かれている単語をもう一度よく見る
　　2. そのページが「ふろ」より前なら
　　　　・より後ろのページを適当に開いて4.1に戻る
　　3. そのページが「ふろ」より後ろなら
　　　　・より前のページを適当に開いて4.1に戻る
　　4. そのページが「ふろ」なら
　　　　・……

[図7] 辞書を引く行為の中にもアルゴリズムが隠れている

効率良く料理する

キッチンで夕食の調理をします。今日は3種類の料理を作りますが、1種類ずつ順番に作っていては時間がかかります。そこで、それぞれの調理手順や予想される調理時間をふまえて、どのように調理を進めていけばいいかを考え、二口コンロや魚焼き器、電子レンジなどをうまく使って仕込みや調理を同時並行して行います。これもやはり「並行スケジューリング」と呼ばれる「アルゴリズム」なのです。

さらにいえば、個々の料理のレシピ自体もまた「おいしい料理を調理する手順」という「アルゴリズム」です。当然ながら、下ごしらえ、調理方法、味付け、盛り付け、それらの順番やさじ加減で、出来上がりの味や見た目に影響が出ます。

以上のように、アルゴリズム（問題を解く手順）は、プログラミングの世界だけではなく、何気ない日々の生活の中に見つけられます。

そして、アルゴリズムは一つとは限りません。今まで何気なくやってきた手順よりずっと効率が良く、間違いが少なく、早く終わらせられるような新しい手順や方法、つまり「良いアルゴリズム」を発見できるかもしれないのです。

プログラムの「品質」とは

良いアルゴリズムがあれば、当然、良いプログラムがあります。では、プログラムの良し悪し、つまり品質とは何でしょう。例えば、子どもが今後プログラミングを覚えてプログラムを作ったとします。お父さん、お母さんはそれを見て、何を基準に「良いプログラムだね」と言ってあげればいいでしょうか。様々な意見がありますが、私なりに「良いプログラム」のポイントを挙げてみます。

・目的を実現できるように、過不足なくきちんとプログラミングされている

本章前半の「おつかい」の例だと、おつかいの目的(必要なものを買ってきてもらう)がきちんと満たされていることです。

・バグ(間違い)がない

これは言うまでもありません。食材を買ってきてほしいのに「駅前の靴屋に行ってね」と間違えて伝えてしまう。あるいは「薄力粉」と伝え忘れて強力粉を買ってこられてしまう。それをなくします。

・何かトラブルや故障が起こっても止まったりせず対応できるようにしておく
「わからないときや、何か困ったことが起こったら、すぐにおうちに帰ってきてね」と伝える部分に相当します。
・コンピューターの資源（計算能力や記憶する場所）や時間をムダに使いすぎない
効率の良いアルゴリズムとも似た話です。おつかいを頼む場合は、「子どもをムダに混乱させたり、時間がやたらとかかるお願いにしない」ようにします。

「おつかい」から少し離れて考えると、プログラムの品質としてはさらに以下の点も挙げられます。
・プログラムが読みやすく書かれている
そのプログラムがどのように作られているかがわかりにくいと、プログラムの作者本人、あるいは別の人が直す必要に迫られたときに困ります。読みやすさを意識して書く必要があります。
・製品としてのプログラム（ソフトウェア）が、利用者にとって使いやすい
どんなにプログラムの書き方が優れていても、使う人にとって不便だったら元も子もありません。

・あとで機能を追加したり変更したりしやすいようにプログラムが作られている
機能を追加、変更する際にまた一から作り直すのは非効率です。一度作ったプログラムを使い捨てにしなくていいよう、あとで変更しやすいような作りにする必要があります。

ほかにも、デザインなどをほめる場合もあるでしょうが、以上のようなことを頭の片隅に置いておくといいでしょう。

コンピューターが理解できる命令とプログラミング

ここで少し、「コンピューター」そのものについて見ていきましょう。子どもが迷わないようにおつかいを頼むには、子どもの気持ちがわかったほうがいいもの。それと同様に、コンピューターが理解しやすいプログラムを書くには、コンピューターのことを少しでも理解しておく必要があります。

コンピューターの心臓部はＣＰＵ《シーピーユー》と呼ばれます。人間の頭脳に相当し、これがなければコンピューターとして動きません。すべてのプログラムは、最終的にこのＣＰＵが理解できる命令にまで細かく分解されてCPUに伝わり、その結果コンピューターがプログラム通りに動きます。

では、CPUが理解できる命令とはどんなものでしょうか。CPUは、技術の進歩により演算速度が上がっただけではなく、多くの最新テクノロジーが詰め込まれ、数十年前とは比較にならないほど高性能になりました。しかし、実は基本的な機能は昔から変わりません。次のように驚くほど単純なことしかできないのです。

- **演算**（四則演算・ビット演算などの基本的な数値演算・論理演算）
- **データの移動**（数値の読み込み、書き出し）
- **実行制御**（条件分岐など）

スマートフォンをタップしたり傾けたりしながら遊ぶゲームも、オンラインバンキングシステムも、カーナビも、電子レンジも、パソコンの表計算も、通信衛星も、ウェブブラウザーも、ネット予約システムも、コンピューター上で動くありとあらゆるプログラムを突き詰めて分解していくと、すべては右の3つの機能を働かせる基本的な命令の集まりで出来上がっているのです。

今では、プログラミングをするときに、そこまで細かく分解した命令を直接人間が書くことは（ごく一部の分野を除いては）なくなってしまいました。一般的な「プログラミング」では、「ライブラリ」や「関数」と呼ばれるまとまりを活用したり、人間が読みやすいよう簡単な命令で書いたあとにコンピューターが直接理解可能な命令に変換したりして、プログラムを書きます。ライブラリや関数とは、コンピューターが直接理解できる基本的な命令などを組み合わせ、積み重ね、大きなまとまりの処理として部品化したものです。

プログラムがコンピューターを動かす

では、プログラムを実際に動かす機械である「コンピューター」は、どんな仕組みで動いているのでしょう？

現在私たちが日常的に使うパソコンやスマホはもとより、エアコン、テレビ、ハードディスクレコーダー、洗濯機などの家電製品に組み込まれているコンピューターも、基本的にすべて同じ仕組みで動いています。今から60年以上も前の１９４９（昭和24）年に誕生したEDSAC《エドサック》という名のコンピューターのときから、この仕組みは基本的にずっと同じままです。

動画サイト「YouTube」に、その歴史的なコンピューター、EDSACの実際に動く映像が、開発者モーリス・ウィルクス自らの解説付きで公開されています。60年以上も前のコンピューターがどのようなものだったか、どのように動いていたか、どのように使われていたかが見られるのです。私は何度見てもワクワクします。

現代のコンピューターの祖先、1949年に誕生したEDSAC
EDSAC I, W. Renwick, M.V. Wilkes.（Wikipedia Commons　http://commons.wikipedia.org/wiki/File:EDSAC_%2812%29.jpg）Copyright Computer Laboratory, University of Cambridge. Reproduced by permission.

ディスプレイはなく、直接入力できるキーボードもありません。コンピューターに命令を読み込ませるにはパンチテープという穴の空いた長いテープを使い、テープリーダーを使って読み込ませます。コンピューターからの返事を受け取るのもタイプライターのようなプリンターからの出力を待つだけでした。今のコンピューターとは似ても似つきません。

実はEDSACに先行して、EDVAC《エドバック》というコンピューターを、ハンガリー生まれのアメリカ人天才数学者、ジョン・フォン・

ノイマンと、開発者のジョン・モークリーおよびジョン・エッカートの3人が開発していました。ノイマンは、EDVACの開発に先立つ形で1945年にレポートを発表しています。モーリス・ウィルクスはそのEDVACのアイデアに影響を受け、EDSACを作りはじめたのです。そして結果的にEDVACの開発は遅れ、EDSACが先に完成しました。ただ、ノイマンのレポートの功績は残り、EDSACは世界初の「ノイマン型コンピューター」と呼ばれています。

ノイマン型がすごいのは、「コンピューターを動かす命令（プログラム）」をデータとしてコンピューターに与えさえすれば、コンピューターを自由に操れる点です。今では当たり前ですが、当時としては本当に画期的でした。なぜなら、それまではコンピューターに計算をさせるため、回路や配線をつなぎ替えてプログラミングしていたからです。

例えば、コンピューターの前身ともいえる「タビュレーティングマシン」、あるいは「パンチカードシステム」と呼ばれる機械があります。20世紀前半にアメリカの国勢調査や会計処理、在庫管理などに使われていました。その動作をプログラミングするには、プラグボードと呼ばれる基板上で配線をつなぎ替える必要があり、熟練した技が必要でした。物理的な配線そのものが命令、すなわちプログラミングだったのです。

ノイマン型コンピューターでは、命令をデータとして渡すだけで、それに従って計算してくれます。渡す命令、すなわちプログラムを変えれば、どんな計算も行えるのです。「プログラム」という「入力」を与えれば、そのプログラムの通りに動くコンピューター。そんな機械をノイマンたちが作り出したことは、まさに革命的でした。

コンピューター上の「入力→処理→出力」

EDSAC以来続く「コンピューターの基本的な仕組み」は【図8】のようになっています。

コンピューターは「CPU」という頭脳にあたる部分と「メモリー」という一時的に覚えておく場所で構成されており、そのコンピューターに対して「入力」する装置と、コンピューターが「出力」する装置があります。

コンピューターの動作は、この「入力」「処理」「出力」という一まとまりの組み合わせを積み重ねることで実現されます。

パソコンでいえば、キーボードやマウス、タッチパッドやタッチパネル、カメラ、マイクなどが入力装置。ディスプレイやスピーカーなどが出力装置です。データを記録したり読み出したりするハードディスクやＤＶＤ、ブルーレイディスクなども入出力（入力であり出力でもある）装置です。

では、一般の家庭やオフィスにあるエアコンはどうでしょうか。

例えば人間がリモコンを操作して行う「設定温度を変える」「風量を変える」「暖房・冷房・ドライ・送風などを切り替える」といった指令は赤外線などを介して「入力」として与えられます。また、室温や湿度を測る温度センサーや湿度センサーからの情報も「入力」です。一方の「出力」はといえば、まず、設定温度や室温・湿度を表示するリモコンの液晶部分。そしてエアコンの送風部分そのものも「出力」です。

コンピューターはあらゆる場面で「入力」を受け取り、その都度プログラムに従って「処理」を行い、「出力」しています。

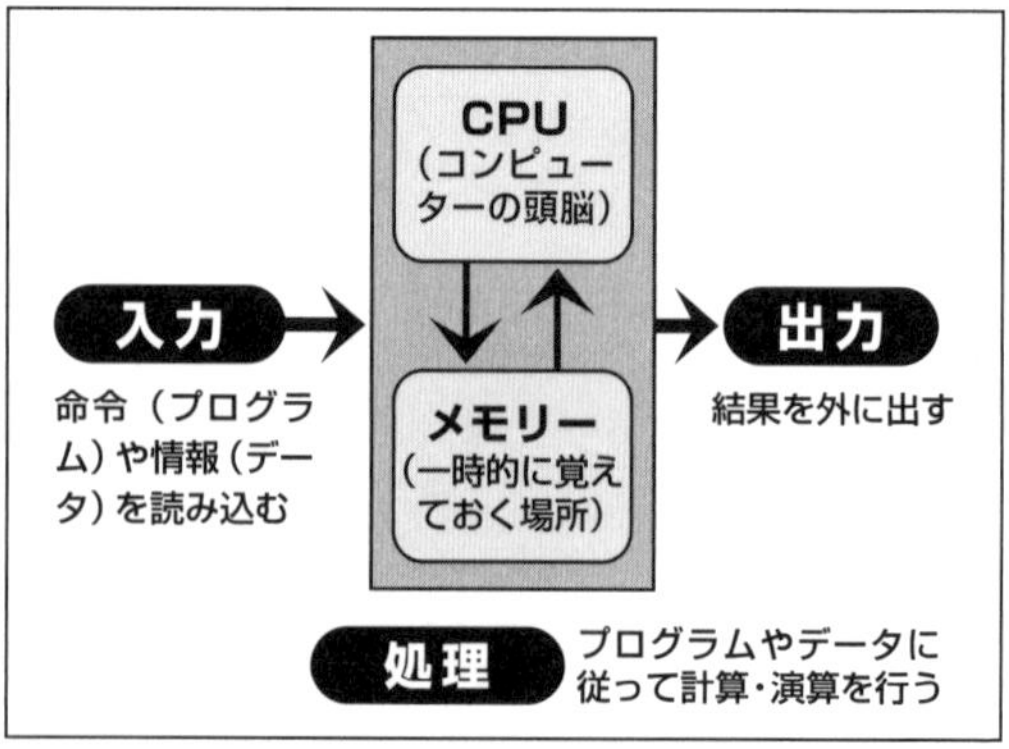

［図8］コンピューターの基本的な仕組み

「入力→処理→出力」のつながり

機械上では、この「入力」「処理」「出力」の一まとまりがいくつもあり、互いがつながり、積み重なり、より大きな仕事を行うように組み合わされていきます。

例えば、先ほどのエアコンの例を見てみましょう。そこでは「エアコン本体」に「温度センサー」「湿度センサー」「送風部分」がついていました。

・エアコン

入力：温度センサー、湿度センサーから得られたデータ

処理：現在の温度や湿度、設定温度、設定モードなどから判断して風量や送風温度を調整

出力：送風部分から出す風

そして、操作する「リモコン」もそれ自体が独立して動く小さなコンピューターです。

・リモコン

入力：ユーザーによるリモコン上のボタン入力

処理：押されたボタンの意味を判断する
出力：その結果をリモコン上の液晶に表示する

同時に、リモコンは、エアコン本体に赤外線などで情報を送ります。この動作はリモコンにとっては「出力」、エアコンにとっては「入力」になります。

・リモコン

入力：ユーザーによるリモコン上のボタン入力
処理：押されたボタンの意味を判断する
出力：その結果をエアコンに送る

・エアコン

入力：リモコンから送られてきたデータ
処理：送られてきたデータに従い、何を制御するか判断して風量や送風温度を調整
出力：送風部分から出す風

あるコンピューターの出力が別のコンピューターの入力になり、それを受けて処理して出力した結果がまた別のコンピューターの入力になる。こうやって、コンピューター同士がつながって連携し、より複雑なシステムを形作っていきます。

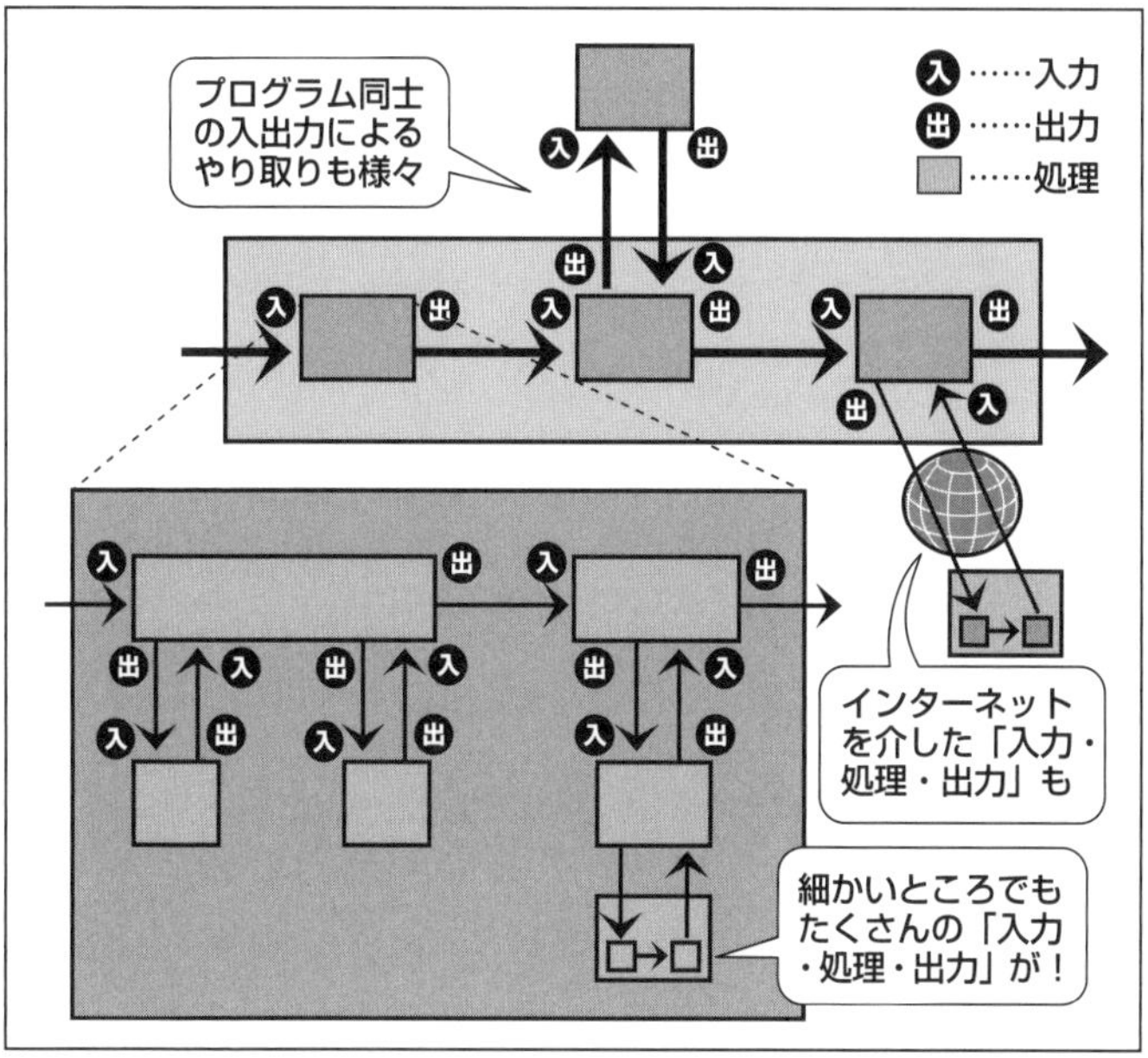

[図9] プログラムとプログラム、コンピューターとコンピューターのつながり

こうした「入力・処理・出力のつながり」は、別々のコンピューター同士に限りません。一台のコンピューター内では、様々なプログラムが同時に動いていて、それらが協調し連携しながら動いています。実はこのコンピューターの中で動く個々の「プログラム」も同様に「入力・処理・出力」を行い、連携しているのです[図9]。

これらの「入力・処理・出力」はまた、複数がまとまり、一つの大きなかたまりとなって動くことで、より大きな「入力・処理・出力」として動きます。小さな「入力・処理・出力」が、より大きな「入力・処理・出力」へ積み重なっていき、それがさらに大きな「入力・処理・出力」を形作るようになっていきます。プログラムはそうやって「階層的」に組み立てられ、コンピューターもまた「階層的」に動作しているのです。

今こそ子どもと一緒に「プログラミング」

「プログラミングって何？」という疑問は、本章で多少なりとも解決できましたでしょうか。子どもに「プログラミングとはね……」と説明できそうな気がしたらしめたものです。

エアコンの例などで見たように、実はコンピューターを前にカチャカチャと「プログラミング」しなくても、日々の生活の中で「プログラミング」的なことに思いを巡らせ、理解を深める方法はたくさんあります。

次章では、実際にコンピューターを使わず、プログラムについて子どもと一緒に考える方法を紹介します。日々の生活で無意識にコンピューターのお世話になっている事柄はたくさんあります。コンピューターがどんな仕組みで動いているのかを探ってみましょう。

第4章

基礎を理解して興味を持たせる

Teach your kids to code
to turn them into billionaires

考える楽しさを子どもに

コンピューターを前にプログラミングしなくても、プログラム（目的を達成するためのアルゴリズムを手順として書き下《くだ》したもの）やアルゴリズム（問題の解き方を厳密に表現したもの）について思いを巡らせることはできます。

この章では、あえてコンピューター上でプログラミングはせず、思索によって「プログラミング」のおもしろさを伝えたいと思います。まずは、子どもと一緒に日常生活の中で見かける現象をよく観察して、「プログラム」のエッセンスを探し、考えてみましょう。

子どもの頃、ドライバーを片手に家のラジカセなどを分解して遊んだことはありませんか。中がどうなっているのか見てみたい。どうやって動いているのか、少しでも知りたい。そんなワクワクする気持ちは、プログラミングを学ぶうえでも大切です。本章を通してぜひ、そのワクワク感を子どもに伝えてください。

大きなプログラムは小さなプログラムを構造的、階層的に組み合わせた集合です。私たちが毎日使っている製品やサービスも、よく観察し、分解していけば、より小さなプログラム同士が協力しあっていることがわかります。逆に、小さなプログラムを自由自在に組み合わせることで、新しいプログラムを作り出すこともできます。子どもが実際にプログラミングをする段階になったとき、ここで理解したことがきっと役立つはずです。

お風呂の自動給湯器を考える

スイッチ一つでお風呂のお湯を自動的に張り、設定した湯量まで入れたら、あとは勝手に保温をしてくれる。今や当たり前の話ですが、自動給湯器の進化は目を見張るものがあります。沸かしすぎて湯船のお湯が触れないほど熱くなったり、熱いと思ったら湯船の下のほうが水のように冷たかったり、などというのは昔話となりつつあります。

まず手始めに、この自動給湯器がどんな仕組みで動いているかを考察してみましょう。コンピューターで自動給湯器の動作を実現するには、プログラムでどんな処理を組み合わせていけばいいか想像してみるのです。実際の給湯器の動作の仕組みはメーカーにしかわからないので、考察の結果が事実と異なる部分があるかもしれません。ただ、例えば以下のようにあれこれと考えてみる価値は大いにあります。そのうえで、あとはお子さんが理

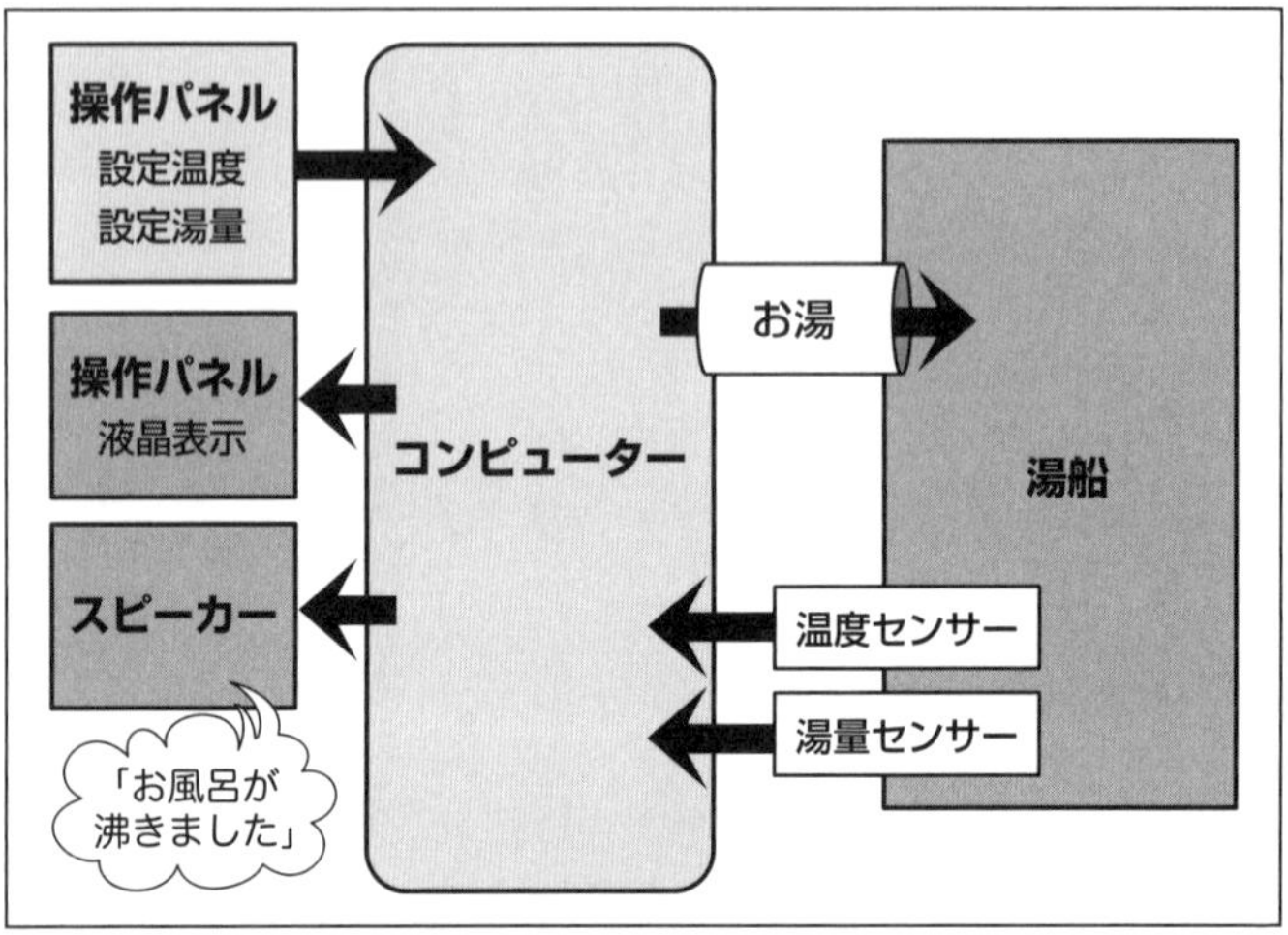

[図1] お風呂の自動給湯器の動作を分解して考えてみる

解できる言葉に置き換えてあげながら、一緒に想像して楽しんでください。

前章の繰り返しになりますが、コンピューターは「入力」→「処理」→「出力」の積み重ねで動いています。それに従って自動給湯器の動きを考えてみましょう【図1】。

自動給湯器では、湯船に溜めるお湯の量と設定温度を操作パネルでセットし、「自動給湯」のボタンを押すと、お湯を入れはじめます。そして、設定した湯量と湯温になったら給湯を停止して「お風呂が沸きました」と知らせてくれます。使っている人からは、この動作は左ページの【図2−①】のように見えます。

では、「湯船にお湯を張る」処理はどの

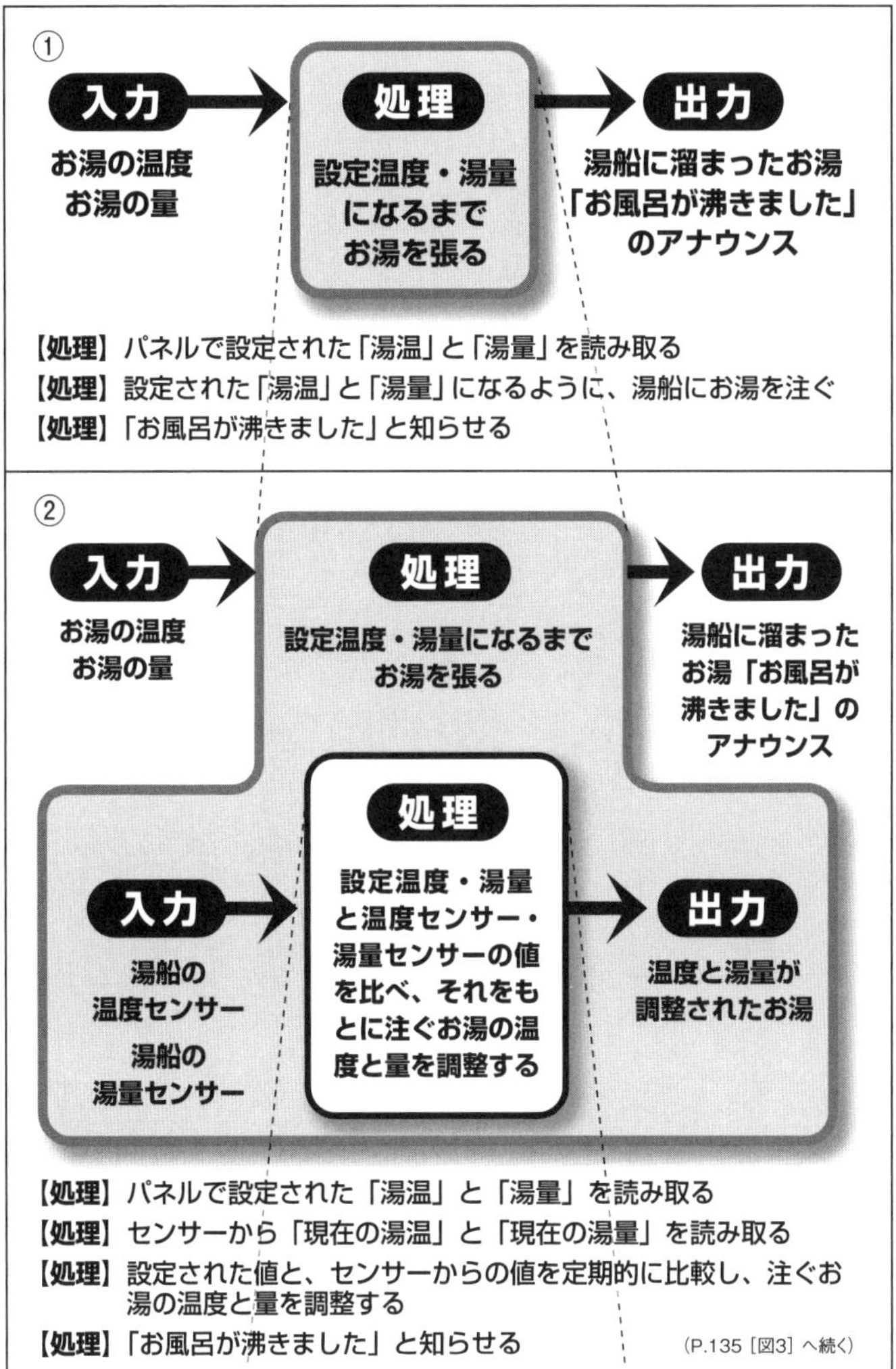

［図2］自動給湯器の入力・処理・出力①(上)・②(下)

ように行われているのでしょうか。コンピューター側から考えてみます。

コンピューターは、最終的にパネルで設定した湯量や湯温にするため、現在の湯船の中の湯量や温度を定期的にチェックしています。そして、設定湯量や設定温度と比べながら、どれくらいの温度のお湯をどのくらい足せばいいかを判断します[図2－②]。

お湯を注ぎ続ける処理は、さらに細かく分解して考えられます。例えば30秒おきといった間隔で現在溜まった湯量や湯温を「繰り返し」チェックし、「給湯を止めるか続けるか」「給湯温度を上げるか下げるか」などを、「条件分岐」として判断します[図3]。

このように、「設定湯温・湯量になるまで自動に入れる」という処理は、それを構成するもっと小さな処理に分解されていきます。

また実際には、次のような処理も行われているはずです。
・給湯中に、パネルの湯温と湯量が変更されたら、現在の湯船のお湯の状態と比較して、注ぐお湯の量や温度を計算し直す。
・給湯完了後、保温モードに移り、定期的に湯温をチェック。設定温度よりいくぶん低くなったら設定温度に戻るまでお湯を温め直す。
・給湯中、5分経ってもお湯の量が増えない場合、ゴム栓がきちんとはまっていないと判

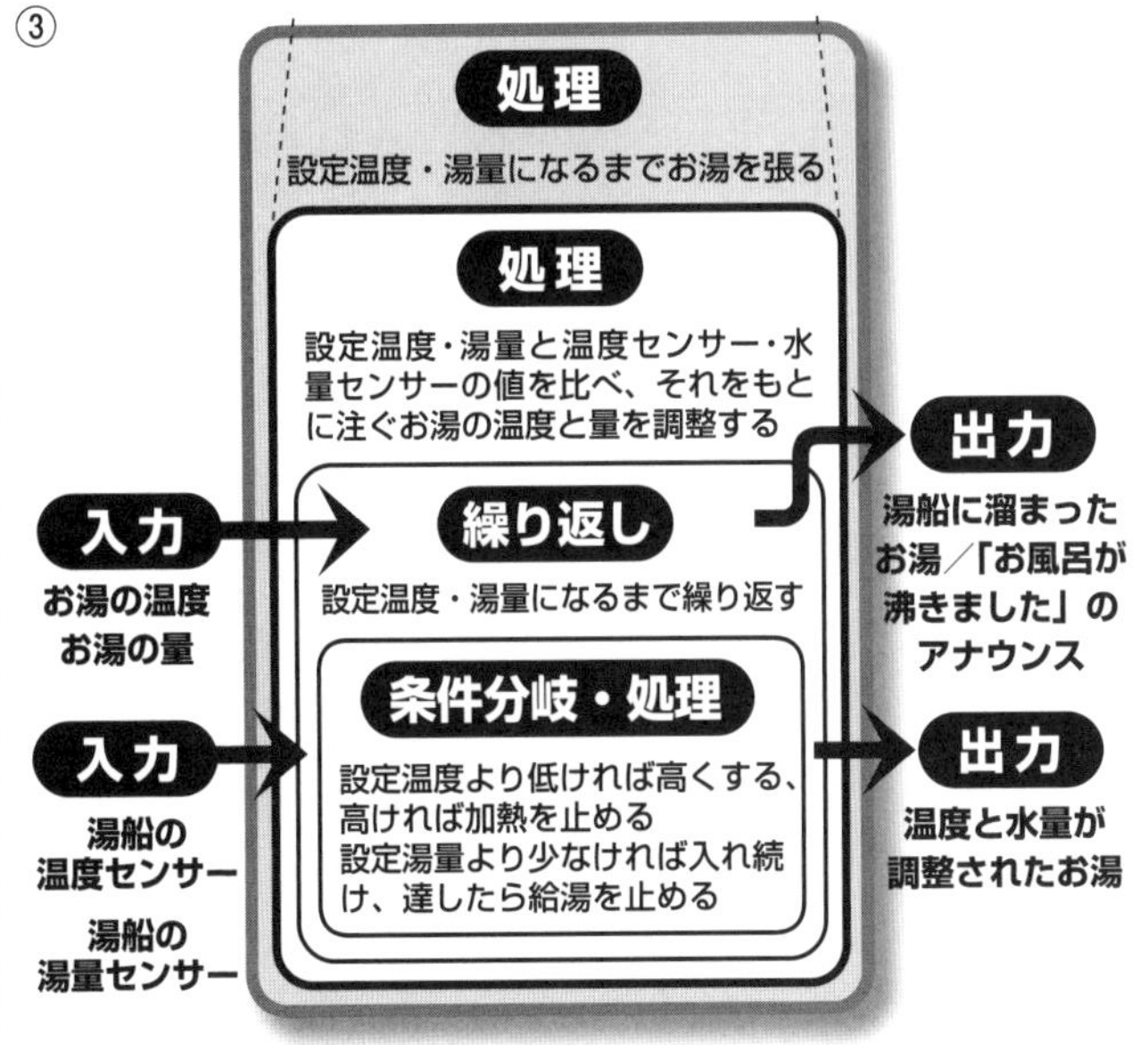

【処理】パネルで設定された「湯温」と「湯量」を読み取る
【反復】30 秒おきに湯船内のお湯をチェックし、
　　　設定された「湯温」と「湯量」になるまで以下を繰り返す
　【処理】「現在の湯量」を読み取る
　【分岐】「現在の湯量」は、設定された「湯量」より多いか、
　　　　あるいは同じか？
　　├【処理】多いか同じであれば、給湯を止める
　　└【処理】少なければ、給湯を続ける
　【処理】現在の湯温を読み取る
　【分岐】「現在の湯温」は、設定された「湯温」より高いか、
　　　　あるいは同じか？
　　├【処理】高いか同じであれば、加熱を止める
　　└【処理】低ければ、湯温を 1 度上げる
【処理】「お風呂が沸きました」と知らせる

［図3］自動給湯器の入力・処理・出力③

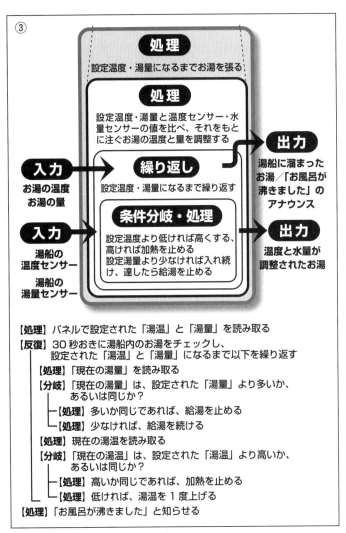

断して給湯を止め、警告メッセージを知らせる。

本当のところはどうやって動いているか正確にわからないものを「ブラックボックス」といいます。ここでは、自動給湯器というブラックボックスの中の動作を想像しながら、処理・条件分岐・繰り返しという単位で分解してみました。実際の挙動と合っているか、合っていなければどこが違うかを考えると、コンピューターがどういう仕組みで動作しているのか、理解が深まります。こんな風に自動給湯器の動作をじっくり観察してみると、給湯器への愛着もわいてきます。

ほかにも、例えば目覚まし時計や電子レンジ、炊飯器、温水洗浄便座、マッサージ機など、自宅にある様々な機器の中で、どんな処理を行うようにプログラムされているのか、動きをよく観察しながら考えてみましょう。取扱説明書の中にも仕組みのヒントはあります。動きを書き出して、中のプログラムを想像してみてください。

ループ・ゴールドバーグ・マシンで遊ぶ

自動給湯器の場合は、外から観察できる動きから中の仕組みを想像し、中で行われている処理を分解していきました。今度は逆に、一つひとつの小さな単位を考えながら組み合わせていき、最終的なゴールを達成する例として、ゲームを使ってみます。

ルーブ・ゴールドバーグ・マシンというものがあります。本当ならば簡単に行える作業を、わざわざ込み入ったからくり装置を次々につなぎ合わせて実現する、ユーモアにあふれた仕掛けのことです。似たものに、ＮＨＫ　Ｅテレの「ピタゴラスイッチ」で登場する「ピタゴラ装置」があります。ボールが転がって当たった板が倒れ、倒れた板につないだヒモが引っ張られ、そのヒモの先の歯車が回り……という風に、一つの小さな動きがドミノ倒しのようにつながっていきます。

こういった装置を実際に作るのは難しくて根気がいります。しかし同時に、作るのはとても楽しい作業です。苦労の末に出来上がった装置を動かし、思い通りの動きをしてくれれば、達成感で満たされます。何度眺めても飽きることはありません。

そんなルーブ・ゴールドバーグ・マシンをモチーフにしたパソコンゲームが１９９２〜２００１年に発売されて人気を博しました。シエラ・エンターテインメントが発売したゲーム、「The《ザ》 Incredible《インクレディブル》 Machine《マシーン》」です。

ボールが落ち、ハサミに当たってロープを切り、先ほどまでロープにつながっていた風船が上がっていってシーソーを動かし、シーソーに結び付けられたランプのスイッチが引っ張られて……という風に、パソコン画面の中でピタゴラ装置を作って遊ぶものです。

まるでプログラムを組み立てるかのように、それぞれの部品や動物の動きを考えながら全体の装置を組み立てていくのは本当に楽しいものです。そしてこれは、子どもも論理の組み立てを遊びながら自然に学べる良質なゲームでした。

残念ながらThe Incredible Machineは現在、販売されていませんが、その開発チームが装いも新たに作り直したのが「Contraption《コントラプション》 Maker《メーカー》」です。同様の世界観を楽しめます。自分でオリジナルの装置を作れるほか、他人の作った装置で遊ぶこともできます。

ほかにも似たゲームに、任天堂ＤＳやアンドロイドアプリの「コロぱた」、iPhone／アンドロイドアプリの「Inventioneers《インベンショニアーズ》」などがあります。ぜひ子どもと一緒に遊んでみてください。

ゲームをしながら論理の組み立てについて学ぶ。これぞ一石二鳥です。特に、パーツを組み立てて自分のオリジナルの面を作っていく作業は、小さな部品を組み立て、積み上げていくことで最終的なゴールを達成する「ボトムアップ」の考え方を理解するトレーニングになるでしょう。対して、先ほどの自動給湯器の仕組みを考えたときの、小さいまとま

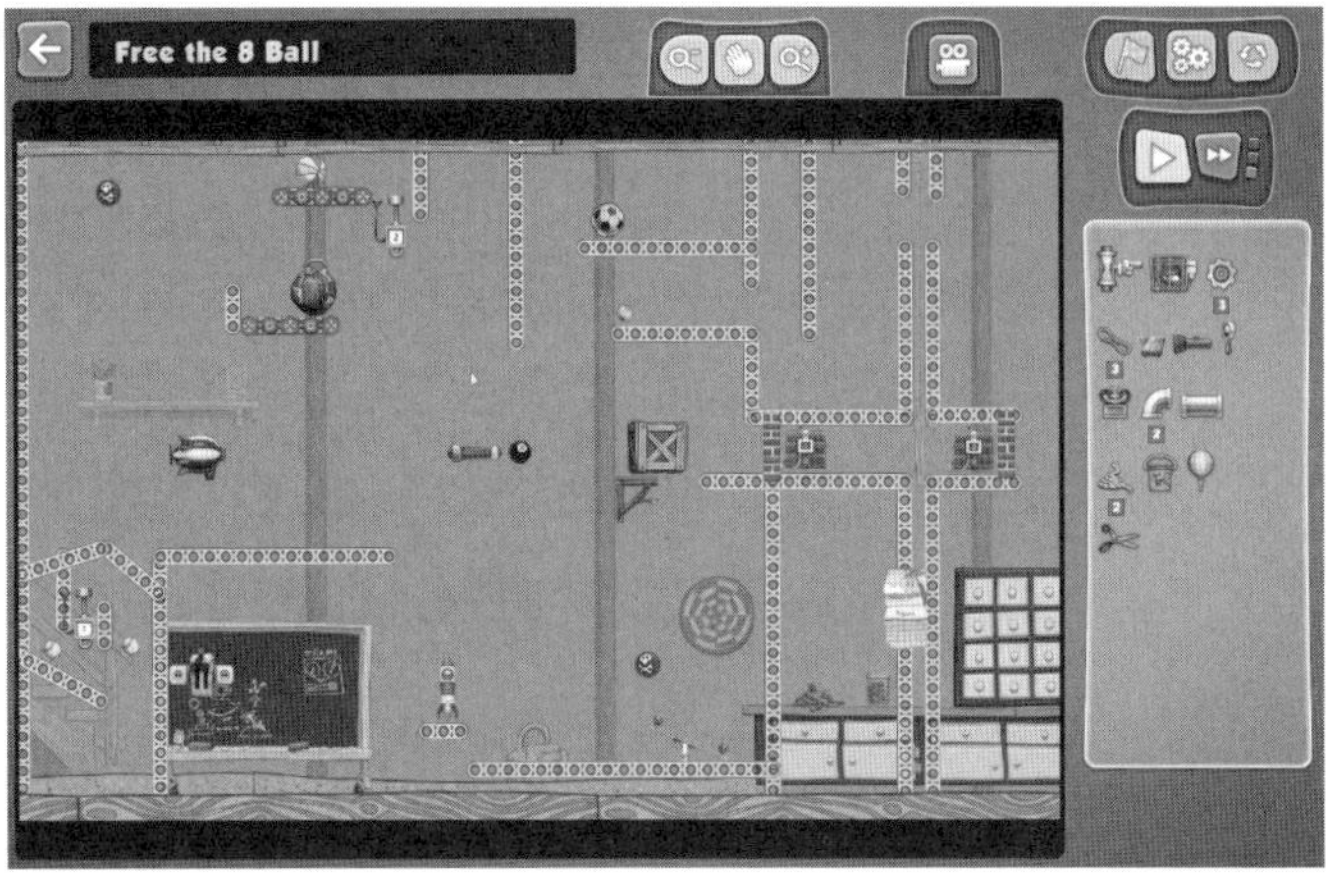

ループ・ゴールドバーグ・マシンのような装置を画面上に作って遊べる「Contraption Maker」

りに分割して考えていく手法は「トップダウン」といいます。どちらもプログラミングを考えるうえで重要な考え方です。

学校の電話連絡網を考える

台風による休校時の緊急連絡など、いわゆる「学校の電話連絡網」があります。連絡網で大事なのは、クラスの全員に間違いなく連絡事項が伝わること。そして全員に連絡が伝わるまでの時間をできるだけ短くすることです。連絡網をどのように作ったら全員に早く伝わるでしょうか。

ここでは、電話連絡網を使って、アルゴリズムについて考えてみましょう。まずは、以

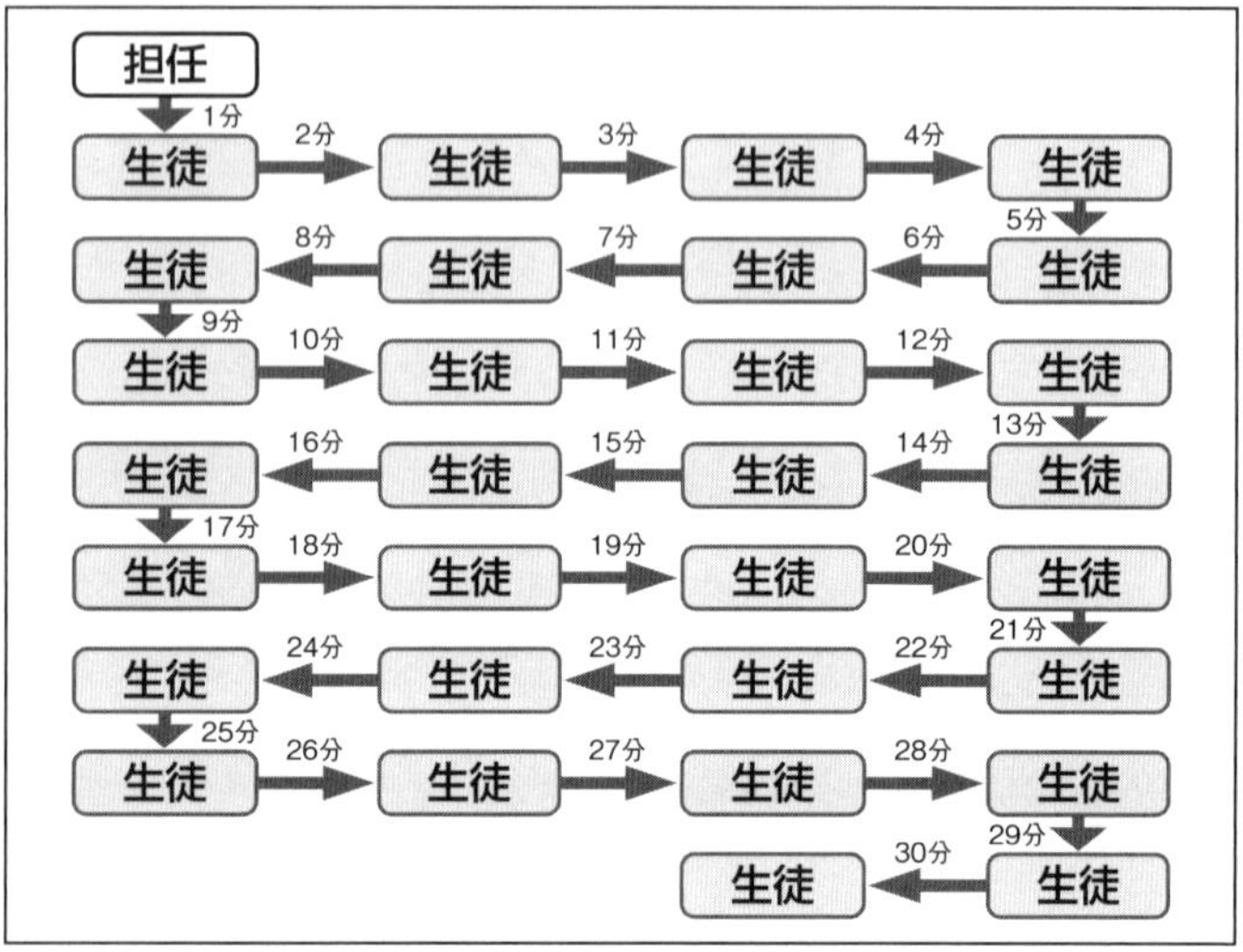

［図4］一人ずつ順番にかける場合の連絡網

下のように少し問題を単純化して考えてみることにします。

・1クラス30人とします
・担任の先生が、最初の電話をかけます
・1対1でしか通話できません（三者通話などは考えません）
・1回の通話に1分かかるとします（ダイヤル時間などは考えません）
・全員家にいることとし、必ず電話はつながります（不在や通話中は考えません）
・最後にかけられた人が担任の先生に電話しなくても良いこととします

ではまず、一人ずつ順番に電話をかけたらどうなるか、考えてみましょう。

担任の先生が一人目にかけ、一人目は

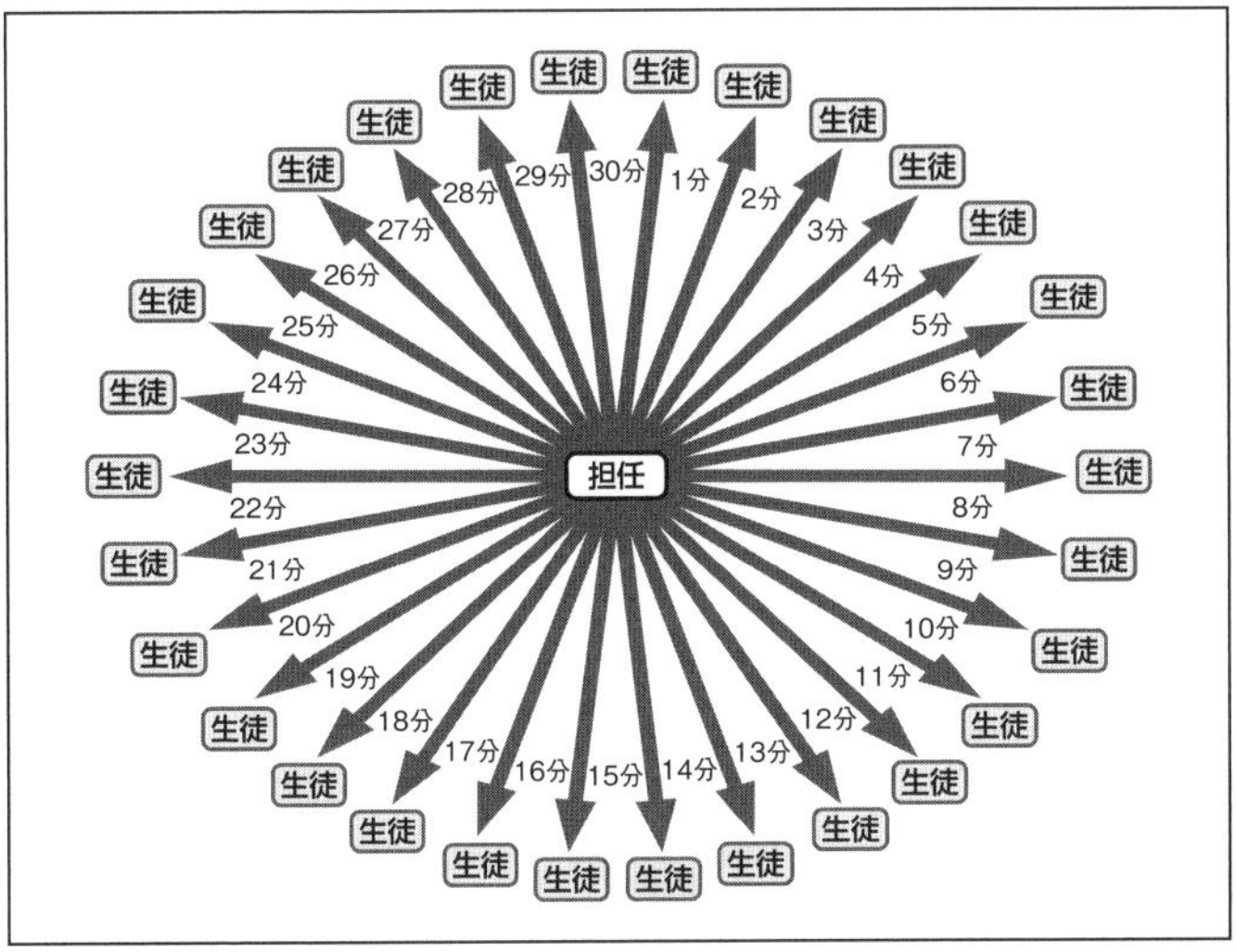

[図5] 担任が一人ずつ全員にかける場合の連絡網

二人目にかけ……と、電話は30回かけられ、全部で30分かかります[図4]。厳密に書くと、生徒がn人（nは自然数）の場合、n分かかります。つまり、この方法で電話をかけると、1クラス5人なら5分で済みますが、100人だと100分かかってしまいます。

代わりに、担任の先生が一人で30人全員に電話する場合はどうでしょうか。一度にかけられる相手は一人だけなので、やはり30回電話をかける必要があり、全部で30分かかります[図5]。このときも生徒がn人の場合、電話連絡が終わるのにn分かかります。

もっといい方法はないでしょうか？

電話連絡網とアルゴリズム

では、担任の先生が二人の生徒に電話し、そこから一人ずつ電話する場合はどうでしょう。つまり、連絡網が2本の枝に分かれるイメージです［図6］。

担任の先生が一人目への電話を終えるのは1分後、二人目への電話を終えるのは2分後

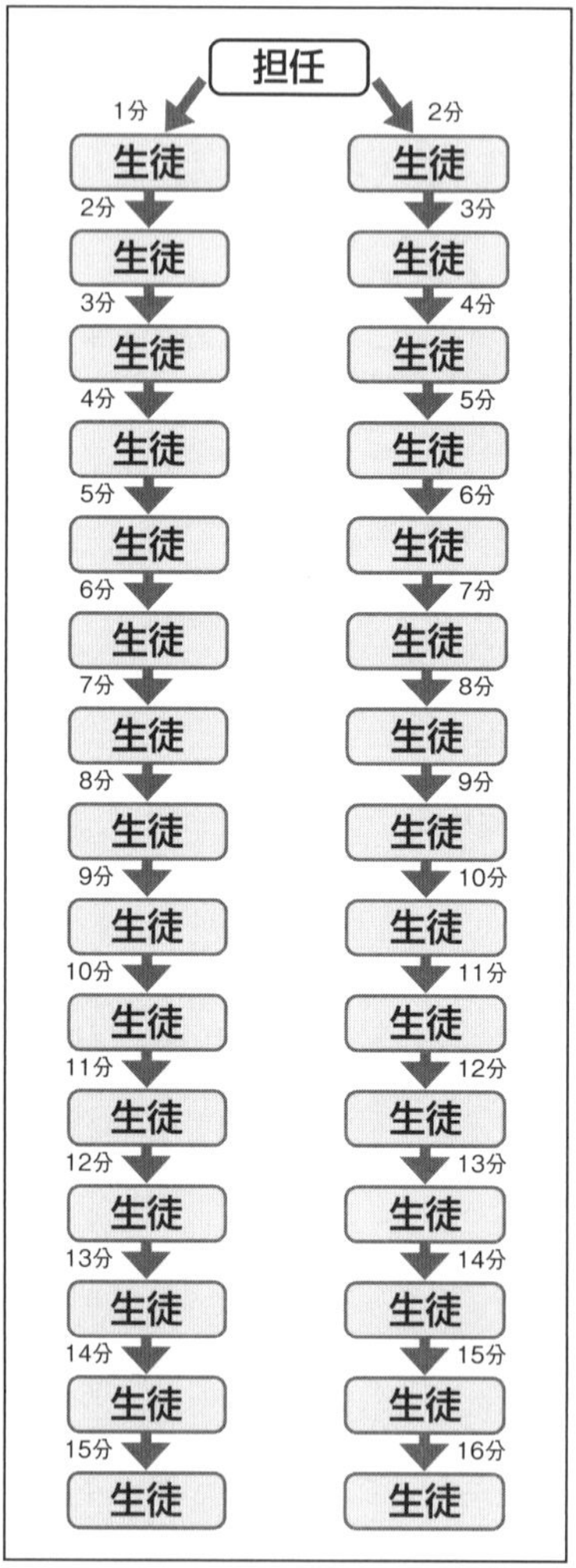

［図6］担任の先生が二人の生徒にかけ、あとは順に一人ずつ電話をかける場合

です。あとはそれぞれ15人が順に電話をかけるので14分かかり、結果16分で全員の電話が終わります。

１００人の連絡網の場合はというと、２＋（50－１）＝51分かかります。人数のおよそ半分になりますが、１０００人なら５０１分、１万人なら５００１分かかります。１クラスの連絡網としてはありえませんが……。

別のやり方を考えます。全員が二人ずつ電話をする場合は何分かかるでしょう。担任の先生が二人の生徒に電話し、生徒もそれぞれ二人ずつ電話していきます【図7】。

今度は少し時間の計算がややこしくなりますね。一人がかける電話は二人なので、自分に連絡がきて電話を切ったあと、二人目への連絡が終わるのは２分後です。今回のように生徒30人だと、８分後に最後の生徒への連絡が終わります。

【図7】のように書くと、１段目（担任の先生一人）、２段目（生徒２名）、３段目（生徒４名）……という形で増えていきます。今回の場合は４段までいくので、いちばん右の枝を追えば、２×４＝８と、最大で８分かかることがわかります。

より厳密に書くと、h段目の最大人数は「２の（h－１）乗」人となるので、生徒がn人（と担任の先生が一人）いるとき、段の高さは最大で$\log_2(n+1)$の小数点以下を切り捨てた

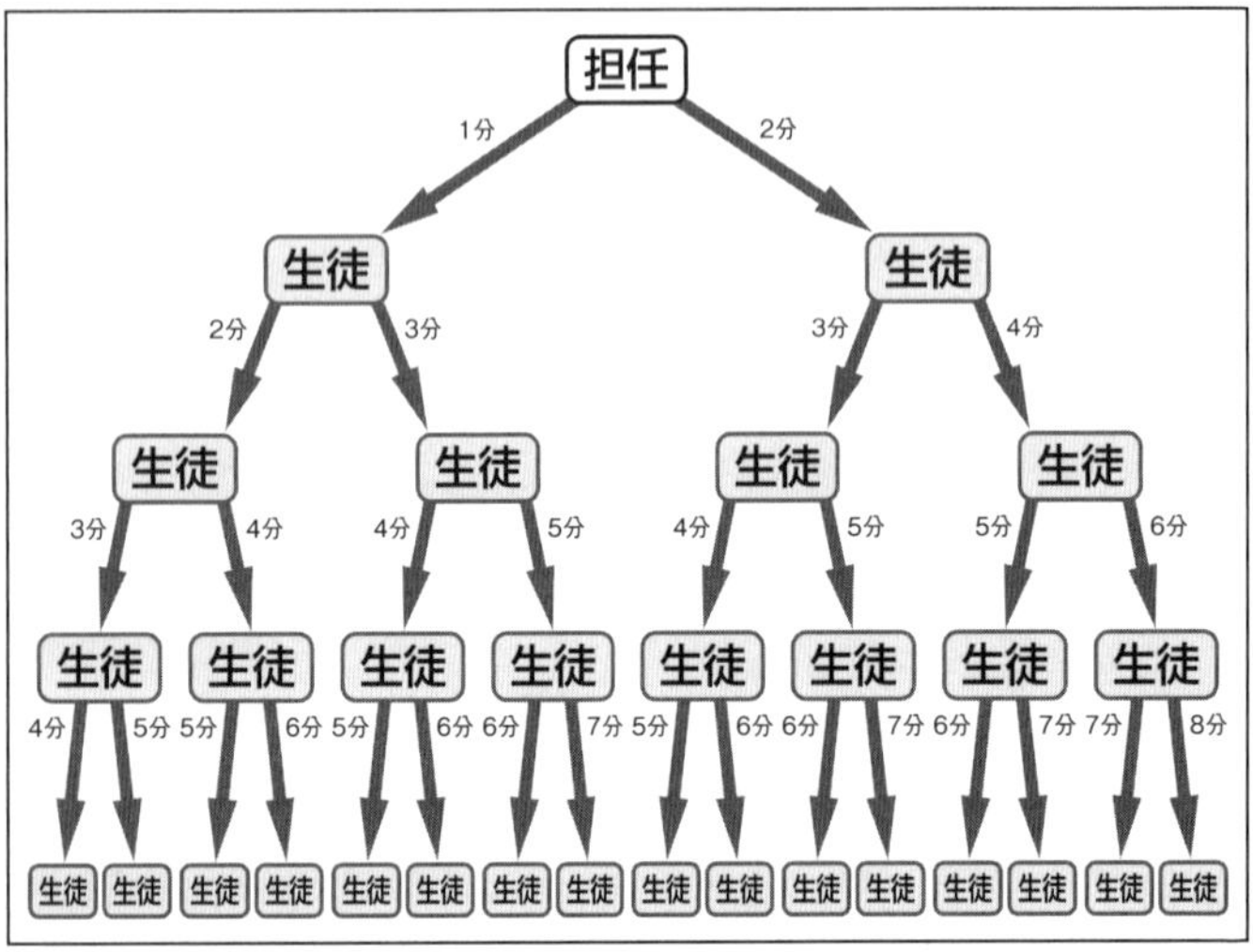

［図7］担任の先生も生徒も二人ずつ電話をかける場合

整数となります。

これ以上はややこしくなるのでやめますが、1000人なら最長18分、1万人なら最長26分です。先ほどまでの方法に比べて、人数の増え方に対する所要時間の増え方がとてもゆるやかになりました。

連絡の仕方を少し工夫するだけで、全員に連絡する時間が激変することがわかります。このようにアルゴリズム（連絡の仕方）一つで所要時間は大きく変わることがあるのです。

では、ほかのやり方の場合はどうなるでしょうか。

・30人全員が3人ずつ電話した場合は？

30人全員が4人ずつ電話した場合は？

・クラスの生徒が10人のときは何分かかるでしょうか？　50人の場合は？　何人ずつ電話するのが最も効率的なのか、クラスの人数によって変わるでしょうか？
・連絡網の最後の段の人たちが先生に「連絡が来ました」と電話する場合、いちばん最後の人が先生に電話し終えるまでにどれくらい時間がかかるでしょうか？（先生は一度に一人からしか電話を受けられません）
・実際の緊急連絡は、生徒の登校前に伝えるべきです。学校から遠い人へ優先的にかけないといけません。どのように連絡順を配置すればいいでしょうか？

以上のように、電話連絡網の紙を眺めるだけで、アルゴリズムについてあれこれ考えて楽しむことができます。ぜひお子さんと一緒に、いろんなやり方や場合について考えてみてください。

ゲームで弾が敵に当たったら点が入る仕組み

今度は、コンピューターゲームで敵などに弾《たま》が当たったときに点が入る仕組みについて考えてみます。といっても、さすがに想像だけで理解するには複雑すぎるので、仕組みを説明しながら話を進めましょう。なるほど！と思ってもらえれば幸いです。

コンピューターによるアーケードゲーム機の歴史は、1972年に発表され大ヒットを記録した「Pong《ポン》」というゲームに始まります。画面の左右にパドルと呼ばれる棒があり、これをダイヤルやスティックで操作して、飛んでくるボールを相手に跳ね返して遊びます。画面はもちろん白黒で、ボールは正方形で表現されていました。

Pongは、人対人、あるいは人対コンピューターで対戦ができました。私も小学生の頃、近所の百貨店のおもちゃ売り場に置いてあった家庭版Pongで、夢中になって遊んだ記憶があります。

その後、スペースインベーダー、ギャラクシアン、パックマンなど、様々なアーケードゲームが登場しました。そして、パソコン用ゲーム、家庭用ゲーム機、スマホ用ゲームなどが数多く生まれました。これら多くのゲームに共通する仕組みがあります。「当たり判定」、あるいは「衝突判定」と呼ばれるものです。

Pongであれば、「パドルとボールが当たったか」が当たり判定になります。インベーダーなら、「移動砲台から撃った弾が敵のインベーダーに当たったか」「インベーダーからの攻撃が砲台に当たったか」などです。スーパーマリオブラザーズなら「プレーヤーが操作

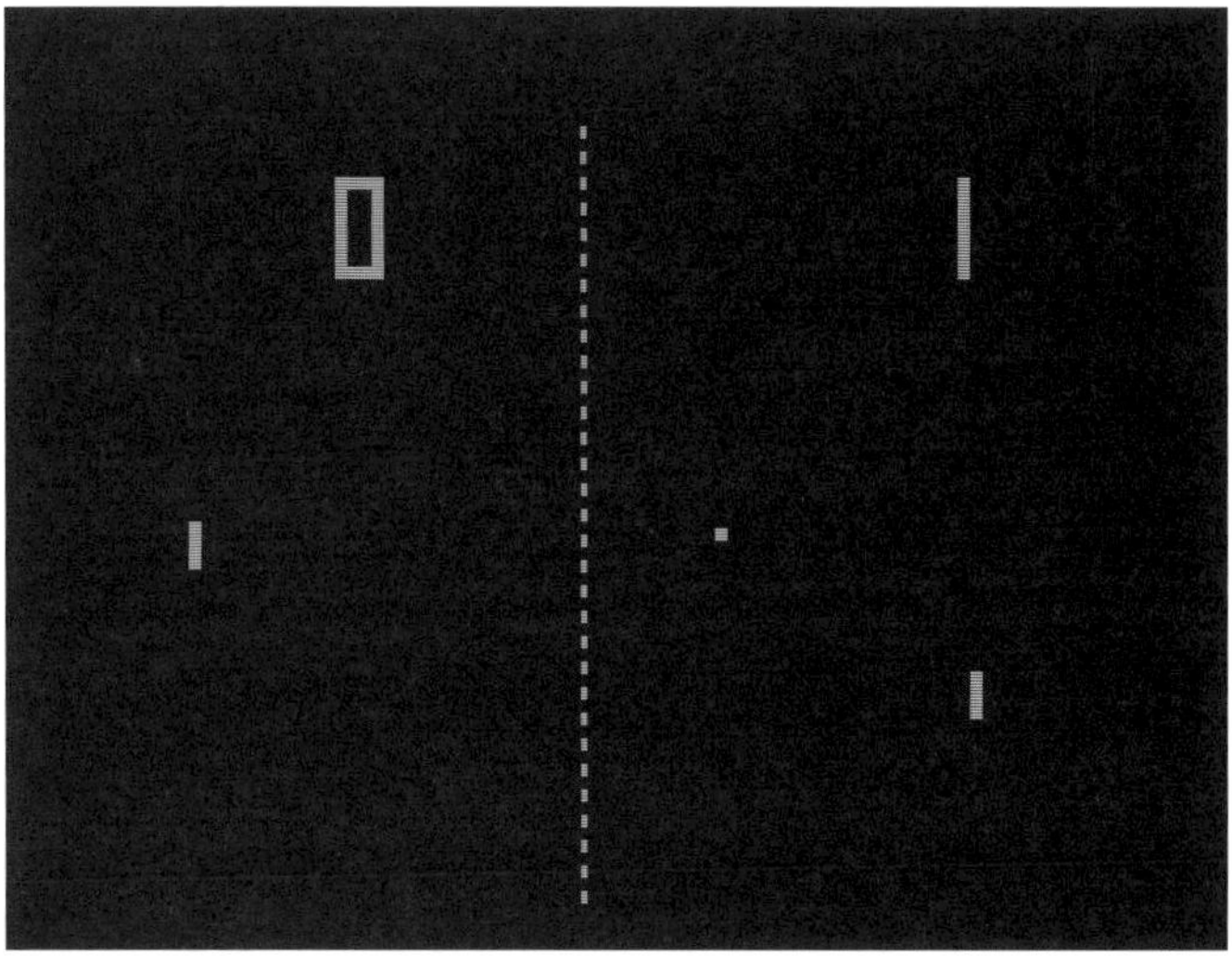
アーケードゲームの元祖「Pong」は、卓球を模したゲームだった

するマリオやルイージが地面の上にいるか」「アイテムに触れたか」「敵キャラと当たってしまったか」など。テトリスでは「落ちていくブロックが地面や壁、ほかのブロックに触れたか」が判定されます。

当たり判定は、実はゲームに限らず利用されています。例えばパソコンの画面でマウスカーソルを動かしてボタンをクリックするとき、マウスカーソルがボタン上にあるかを判断するのも同じ仕組みです。

画面上にグラフィック(絵)として表示されているキャラや敵、アイテム、地面、壁など同士が「当たった」と判断するには、どうしたらいいでしょうか。ここでは単純化のため、3Dゲームなどは考えず、二次元の平面的なゲームで考えてみます。

●画面は点の集まりでできている

パソコンやスマホを買うときに、「画面の解像度：1920×1080ドット」などという言葉を聞いたことがあるでしょう。コンピューターの画面は、縦と横に小さなドット（点）を敷き詰めることで表現しています。この一つひとつのドットを様々な色で表示して、字や絵、アイコンなどを描いているのです［図8］。

この画面の一つひとつのドットには「座標」が与えられています。算数や数学で習ったのを覚えているでしょうか。二次元にはX軸とY軸という座標軸があって、平面上の点はすべて(x,y)という座標で表せます。コンピューターの画面も、同じように座標平面で表現され、「どの座標の点を何色にするか」をたくさん組み合わせることで、様々な画像や文字を表現します。

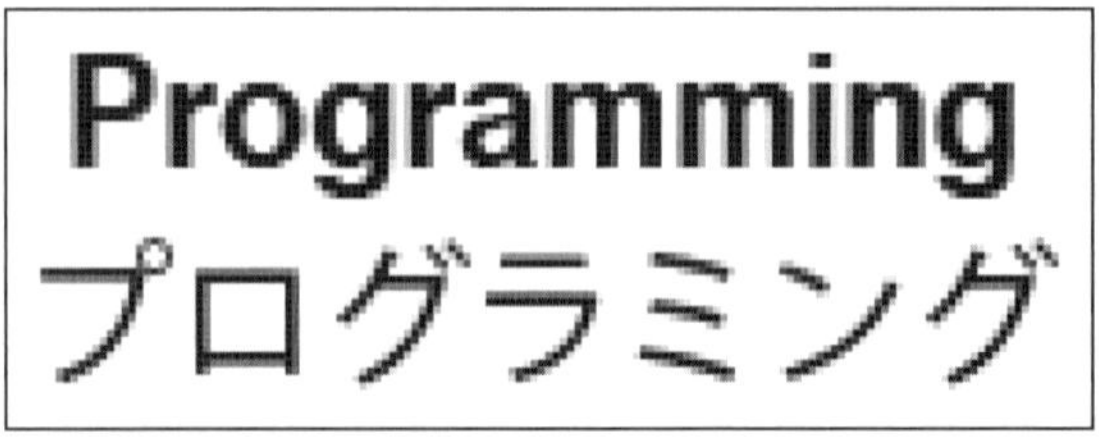

［図8］画面表示された文字を拡大鏡でのぞくと、小さな点（ドット）の集合で作られていることが見てとれる

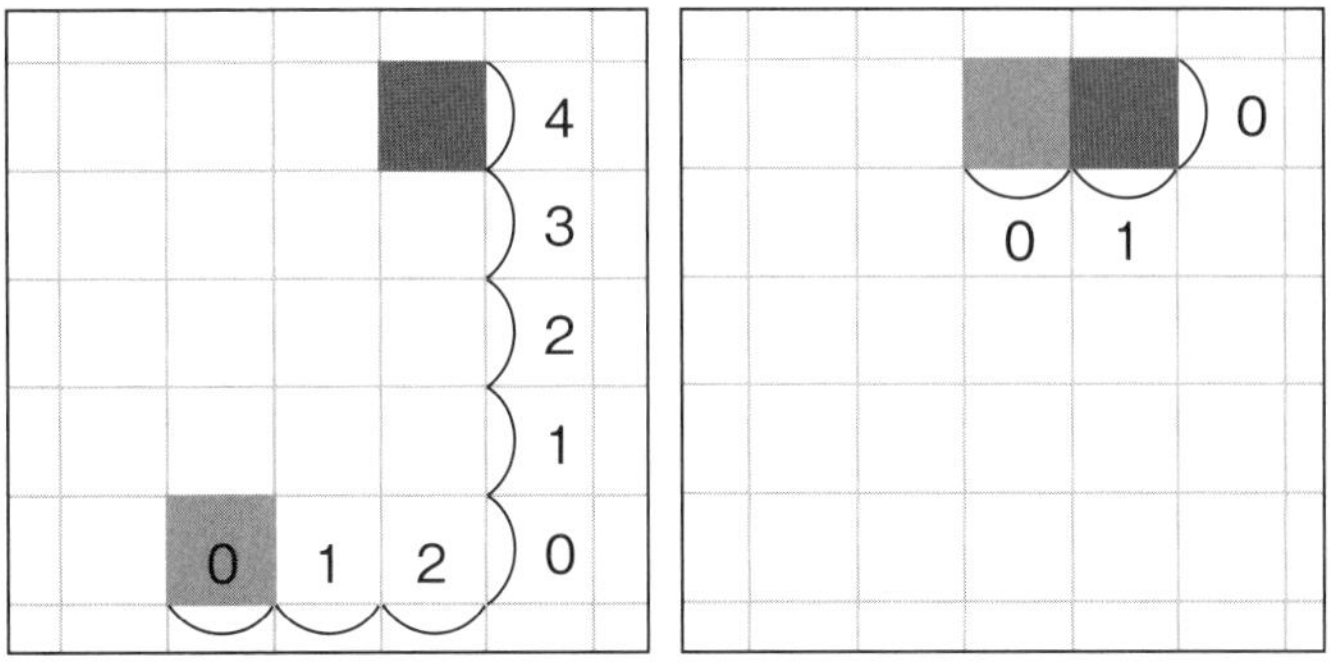

[図9] 左図の例の場合、X座標（横方向）の差は「2」、Y座標（縦方向）の差は「4」なので、二つの点の距離は「$\sqrt{(2^2+4^2)}=4.4721\cdots\cdots$」となり、二つの点は接していないことがわかる。右図の例の場合は「$\sqrt{(1^2+0^2)}=1$」となり、二つの点が接していることがわかる

●当たり判定＝幾何やベクトルの問題

実は、画面上のキャラの当たり判定は、数学でいう「図形と図形が接しているかどうか」の問題と同じです。

では例えば、点と点が接しているか（衝突しているか）をどうやって判定するのかを考えてみましょう。座標空間上で距離を調べるには、「ピタゴラスの定理」を使います。この距離が1であれば接していて、1より小さければ（つまり0なら）衝突していることになります**[図9]**。

このように数学を使って、自分のキャラと敵キャラが当たっているかどうかなどを判定しているのです。

しかし、それはあくまで基本の話。実際のゲームはそんなに単純ではありません。様々なケースにおいて、どうやったら当たり判定ができるか、いろいろなアルゴリズムが使われています。
・点と線の場合は？
・正方形と正方形の場合は？
・球と球の場合は？
・キャラクターの形がデコボコと入り組んでいる場合は？
また、ゲーム画面には、一人のキャラと一人の敵キャラだけがいるわけではありません。様々な形の敵や弾、障害物や壁、地面がたくさん表示されています。これらをすべて当たり判定しようとすると、組み合わせの数が爆発的に増え、計算にとても時間がかかってしまうのです。これでは、せっかくのゲームの動きがカクカクとしてしまいます。

実は、こういうところでもアルゴリズムが活躍します。様々な形状のキャラが画面上で動いているときに、それぞれが接しているか、衝突しているかを判定するアルゴリズムが多数あるのです。また、計算時間を短くするために、すべての組み合わせの当たり判定をせず、できるだけ少ない組み合わせの当たり判定だけを行えば良いように考えられたアルゴリズムもあります。

このように、ゲームとアルゴリズムは切っても切れない関係にあります。コンピューターはこうしてゲームの裏側で様々な計算をするようにプログラムされているのです。

コンピューターを使わずにコンピューターを学ぶ

コンピューターを動かすプログラムには、本当に様々なアルゴリズムや考え方が使われています。0と1だけですべての数を表す2進数の考え方、情報の圧縮方法、暗号化の方法、並び替えや検索のアルゴリズム、分割統治法（問題を小さく分割して解く方法）など。プログラムを書く際に、問題の解き方や実現方法を知っていれば、より良いプログラム作りができます。

こうした「**コンピューター科学**」と呼ばれる分野の知識を、遊びやアクティビティーを通じて学んでいこうという取り組みが「**コンピュータサイエンスアンプラグド**」です。

ニュージーランドのコンピューター科学者ティム・ベルを中心に考え出された「コンピューターを使わずにコンピューターを学ぶ方法」は20年以上にわたり、世界中の小学校から大学の授業に取り入れられ、注目されています。「アンプラグド」、つまり、コンピューターのコンセントを抜いて、遊びながらコンピューターについて学ぶのが特徴です。

データ：情報を表す素材

点を数える（2進数）
色を数で表す（画像表現）
それ、さっきも言った！（テキスト圧縮）
カード交換の手品（エラー検出とエラー訂正）
20の扉（情報理論）
ジョニーを探せ（情報理論）

コンピュータを働かせる：アルゴリズム

戦艦（探索アルゴリズム）
いちばん軽いといちばん重い（整列アルゴリズム）
時間内に仕事を終えろ（並び替えネットワーク）
マッディ市プロジェクト（最小全域木）
サンタの汚れた靴下（分割統治）

コンピュータに何をすべきか教える：手続きの表現

みかんゲーム（ネットワークにおけるルーティングとデッドロック）
宝探し（有限状態オートマトン）
出発進行（プログラミング言語）

本当に難しい問題：解くことが出来ない問題

貧乏な地図職人（グラフ彩色問題）
観光都市（支配集合）
氷上の道（シュタイナー木）

秘密を共有する：暗号

秘密を共有する（情報秘匿プロトコル）
ペルーのコイン投げ（暗号プロトコル）
子ども暗号（公開鍵暗号系）

ヒューマンインターフェース：コンピュータとの対話

チョコレート工場（ヒューマンインターフェースデザイン）
コンピュータとの会話（チューリングテスト）
知能を持つ紙（人工知能）

「コンピュータサイエンスアンプラグド」で取り上げているテーマ。いずれもコンピューターを使わずに楽しく学べる（http://csunplugged.jp/）

カードを使って並び替え問題に取り組んだり、紙に印をつけていくことで秘密の暗号を作ってみたり、ボードゲームのようなもので遊びながらアルゴリズムについて考えたり。コンピューターやプログラムについて理解を深めるために必要なエッセンスが、小学生低学年でもわかるように、そして楽しく遊びながら学べるように工夫されています。

それらを解説した原著は英語版ですが、世界中で翻訳され、日本語版の『コンピュータを使わない情報教育アンプラグドコンピュータサイエンス』(イーテキスト研究所刊)もあります。また一部の章のＰＤＦがウェブ上で無料公開されています。

親や先生が子どもたちと一緒にワイワイと紙やカードを使って遊ぶこの方法は、とても魅力にあふれています。ゲームやアクティビティーを通じて、コンピューターの動く仕組みの基本、コンピューターを動かすためのアルゴリズムについて、知らず知らずに学べるのです。こんな楽しい学びがこれからももっと増えるといいですね。

仕組みを紐解く、部品を組み立てる

本章では、日常にあふれる様々なものの動作を読み解くことで、その仕組みや動きを想像してみました。同時に、小さな動きをする部品を組み立てていくことで、目標を達成する楽しさについても触れました。

大きな目標を達成するために目標を分解していき、小さな処理の組み合わせに落としていく「トップダウン」。逆に、小さな部品のような処理を自由に組み合わせていき、思いもよらなかったものを作り上げる「ボトムアップ」。この二つはどちらも、プログラミングをするうえでとても大切な考え方です。

こういった思考や遊びを通じて、プログラミングを始める糸口にすれば、きっと抵抗なく学べるはずです。何より、楽しみながら考えることが大事です。勉強だと思ってしまったらきっと長続きしません。親子で楽しむ「思考パズル」として、ぜひいろんな製品やサービスの中身について調べ、想像を巡らせましょう。

それらのアクティビティーを通じて、コンピューターを使う側の気持ちだけではなく、作る側の気持ち、コンピューターの本質を理解するきっかけにしてください。

第5章

プログラミングを学んでみよう

Teach your kids to code
to turn them into billionaires

子どもがプログラミングを学ぶ最初の一歩

世の中には様々なプログラミング言語があります。Java《ジャバ》、PHP《ピーエイチピー》、Perl《パール》、Python《パイソン》、Ruby《ルビー》、JavaScript《ジャバスクリプト》、BASIC《ベーシック》、LISP《リスプ》、Pascal《パスカル》、C《シー》、C＋＋《シープラスプラス》、C＃《シーシャープ》、Objective-C《オブジェクティブシー》など、有名どころだけでも枚挙にいとまがありませんが、ほかにも数え切れないほど存在します。一説によると、２００６年時点で８５００以上のプログラミング言語があったといいます。そして現在でもそれぞれのプログラミング言語は改良を重ねられ、また、新しいプログラミング言語が生み出されています。

では、子どもに初めてプログラミングを学ばせる際に、どの言語を選べばいいのでしょうか。命令の羅列のようなプログラムはいかにも難しそうで、それだけで挫折してしまいそうです。

しかし、心配は無用です。様々なプログラミング言語のエッセンスをきちんと体現しつつ、同時にとっつきにくさを排除した、子ども向け・教育用のプログラミング言語がたくさんあるのです。

ここでプログラミングやコンピューターの基本的な理解の助けとなり、子どもでもプログラミングに興味を持ってもらいやすい言語をいくつか紹介しましょう。プログラミング初体験のお父さん、お母さんでも、子どもと一緒に楽しめるものばかりです。

Scratch：アラン・ケイの精神を受け継ぐビジュアル言語

近年、「Scratch《スクラッチ》」という教育用プログラミング言語の入門書を書店でよく見かけるようになりました。Scratchは、パーソナルコンピューターの父と呼ばれる計算機科学者アラン・ケイが開発した「Smalltalk《スモールトーク》」を祖先に持ちます。

Smalltalkとは、「オブジェクト指向プログラミング」という概念を世に知らしめた歴史的な言語です（開発は1972年から）。現在の「パーソナルコンピューター」という考え方につながるプロジェクトで使われた言語であり、そして「子どもでもプログラミングできるコンピューター環境」の研究に使われた言語です。

アラン・ケイはSmalltalkの開発後も「子どもへのプログラミング教育、およびそれにふさわしいプログラミング言語」の探求を続け、Smalltalkをベースにして「Squeak《スクイーク》」を開発しました。

そのSqueak上で動く「Squeak《スクイーク》 Etoys《イートイズ》」が開発されたことで教育用プログラミング環境は大きく進歩しました。プログラミングの命令をキーボードから入力する代わりに、画面上にあるプログラミングの部品をマウスなどで組み合わせていく、「ビジュアルプログラミング（ブロックプログラミング）」と呼ばれる方法を採用したのです。このアイデアは、アメリカ国立科学財団の援助を受けて開発された、教育用ゲームプログラミング環境「AgentSheets《エージェントシーツ》」などから影響を受けたといわれています。

このSqueak EtoysのアイデアをI参考にして、MITメディアラボが開発したのが「Scratch」という子ども向けプログラミング環境です。使う命令は一つひとつ、小さなブロック状の部品で表現。部品をドラッグ&ドロップして組み立てることで、画面上に配置したキャラクターや絵などを動かすプログラムが作れるのです。子どもは遊びながら、自然とプログラミングの基本（処理・繰り返し・条件分岐など）を体感できます。

現在はScratchをウェブブラウザー上で実行できるため、パソコンにソフトウェアをインストールする必要さえありません。インターネット接続環境とウェブブラウザーがあれば、どこでもScratchを楽しめるのです。世界中の数多くの義務教育機関でプログラミン

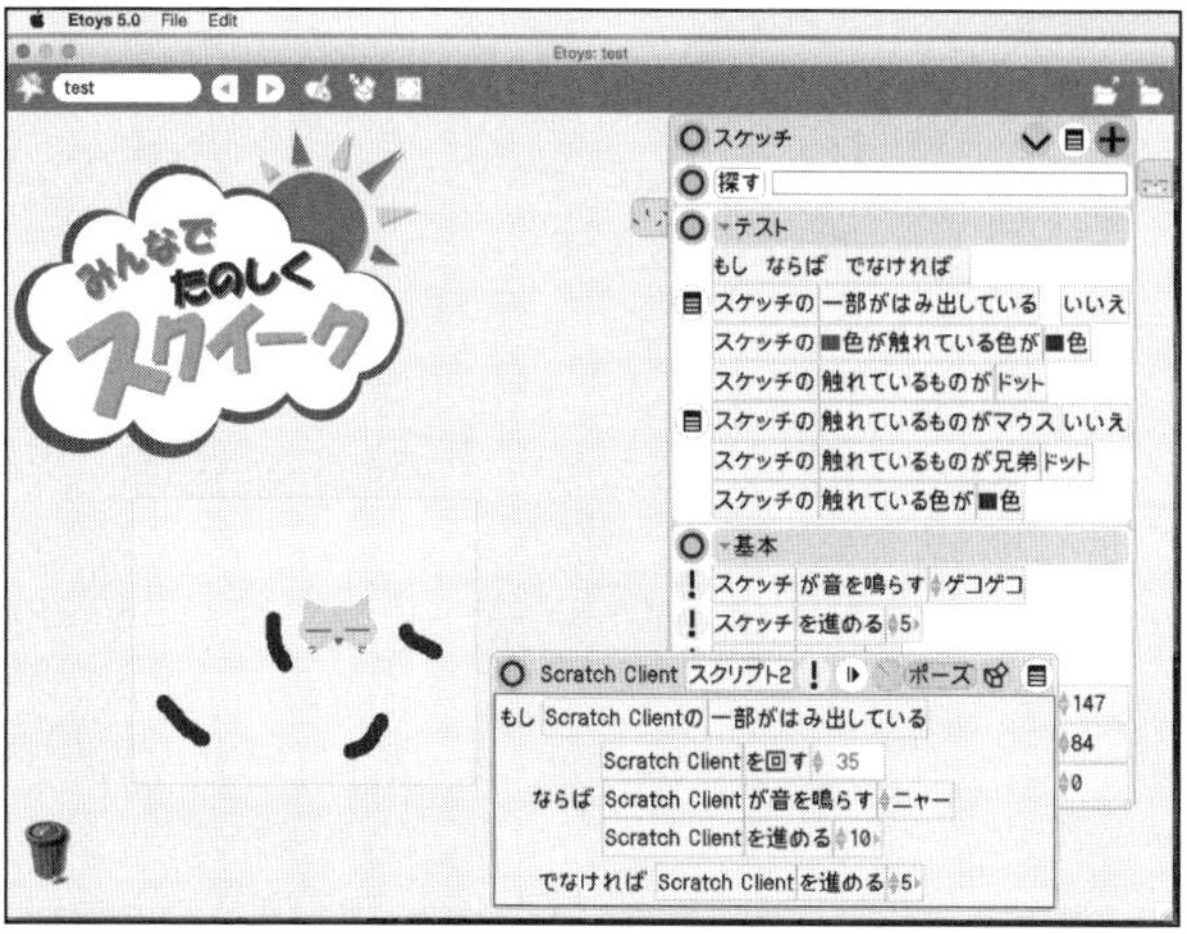

画面上にあるプログラミングの部品をマウスで操作しながらプログラミングできる「Squeak Etoys 5.0」

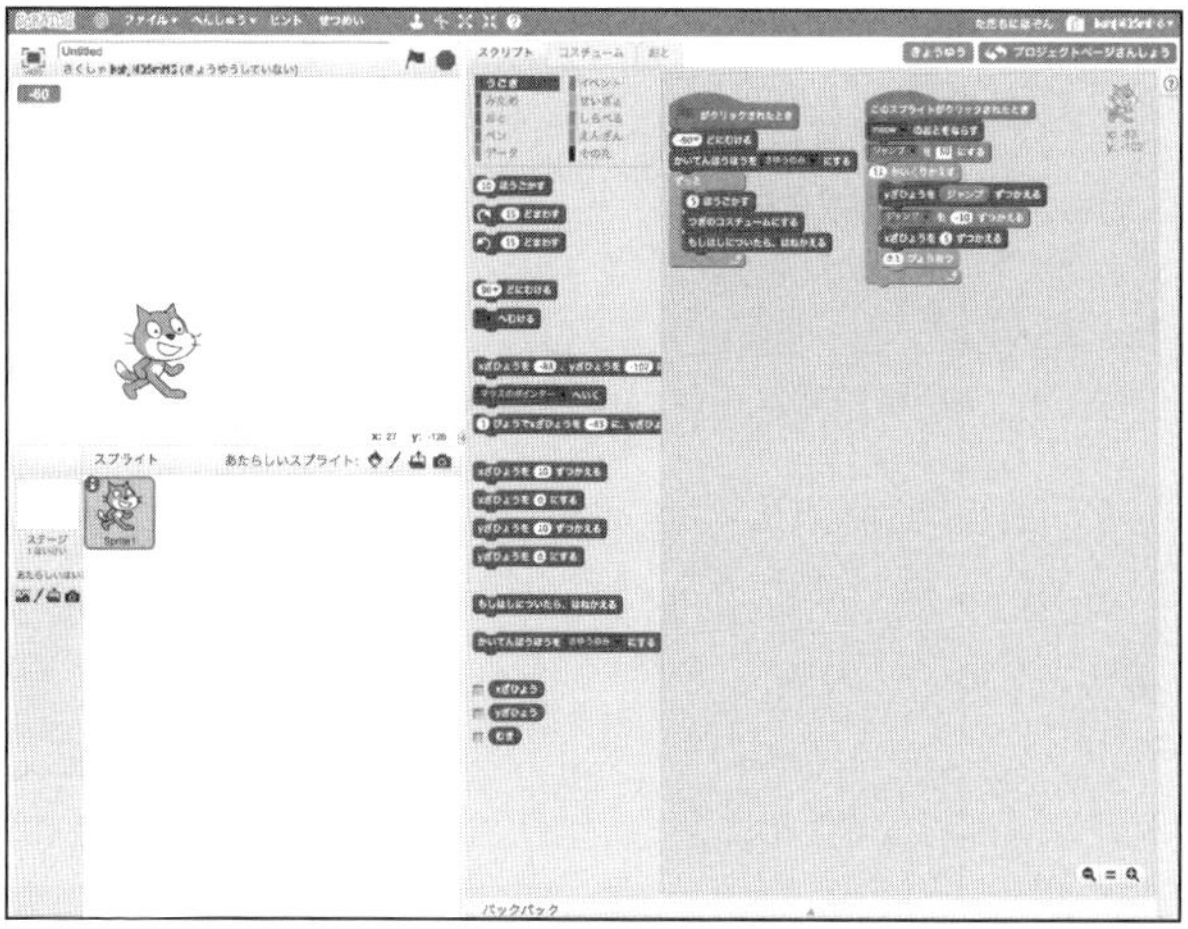

インターネット環境とウェブブラウザーがあればプログラミングできる「Scratch 2.0」

グ入門用として幅広く利用されているほか、高校・大学のコンピューター初級クラスなどでも使われています。

また、自分の作ったScratchのプログラムは、世界中に公開することも可能です。友達や世界中の子どもたちが作ったプログラムを参考にしたり、他人のプログラムに改良を加えたりできるなど、みんなで教え合えるのも大きな魅力。コミュニティーも活発で、２０１４年８月現在、Scratchのウェブサイトに登録しているユーザーは３７０万人を超えています。

ほんの少しScratchの使い方を教えてあげるだけで、子どもたちはまるでおもちゃや人

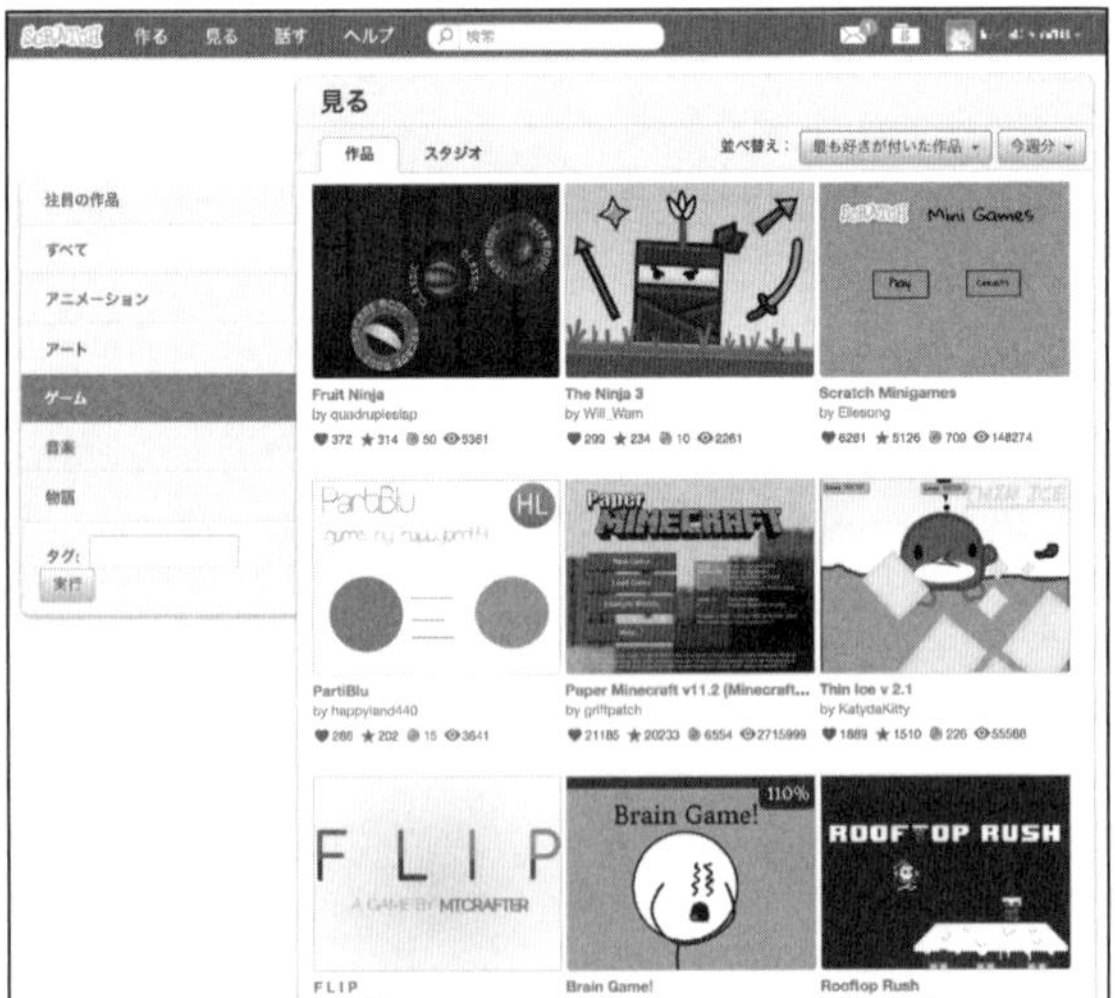

Scratchのサイトでは、世界中の子どもたちのプログラムが公開・共有されている

形で遊ぶかのように、画面上のキャラクターを自由に動かしだします。音を出したり、ジャンプしながらステージを進むアクションゲームを作ったりする姿は本当に印象的です。我が家の娘（執筆時、小1）も、猫と人魚が追いかけっこをしながらお話をするゲームを作って遊んだりしています。

Code.org：コードの楽しさを世界中の若者へ

第1章の冒頭で、コンピューター科学教育週間に向けたオバマ大統領のスピーチを紹介しました。そのイベントを主催するCode.org《コード オルグ》のウェブサイト上には、子ども向けプログラミング入門のコンテンツが充実しています。Scratchと同様、ウェブブラウザーがあればすぐに始められる手軽さも魅力です。

Scratchでおなじみとなったビジュアルプログラミングがここでも使われていますが、Googleが開発した「Blockly《ブロックリー》」という言語を採用しています。Code.orgには何より子どもが興味を持ちやすいコンテンツが、多数用意されているのが大きな魅力です。

アングリーバードを操作して迷路を抜けブタを捕まえる課題、アナやエルサを操って氷

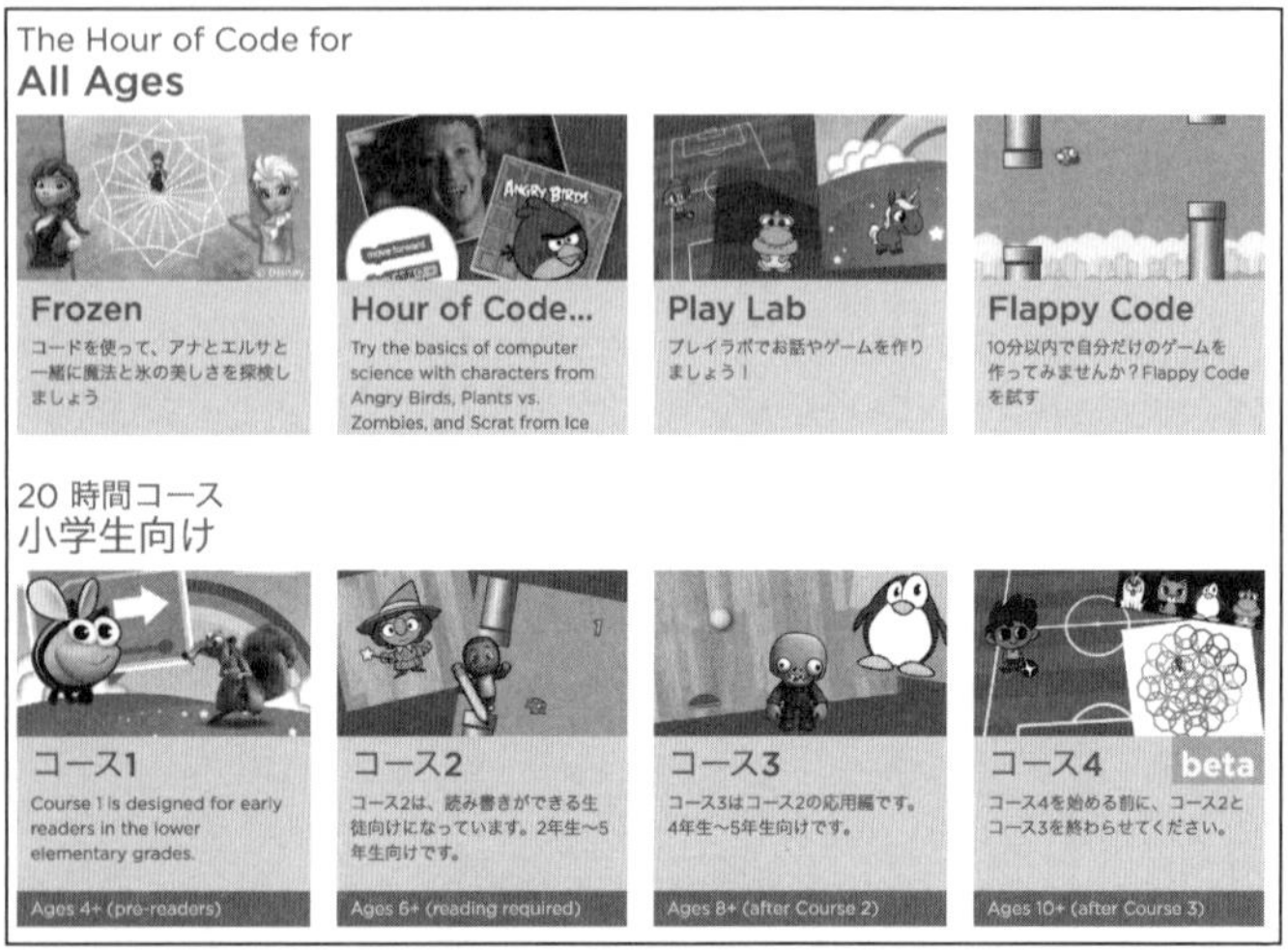

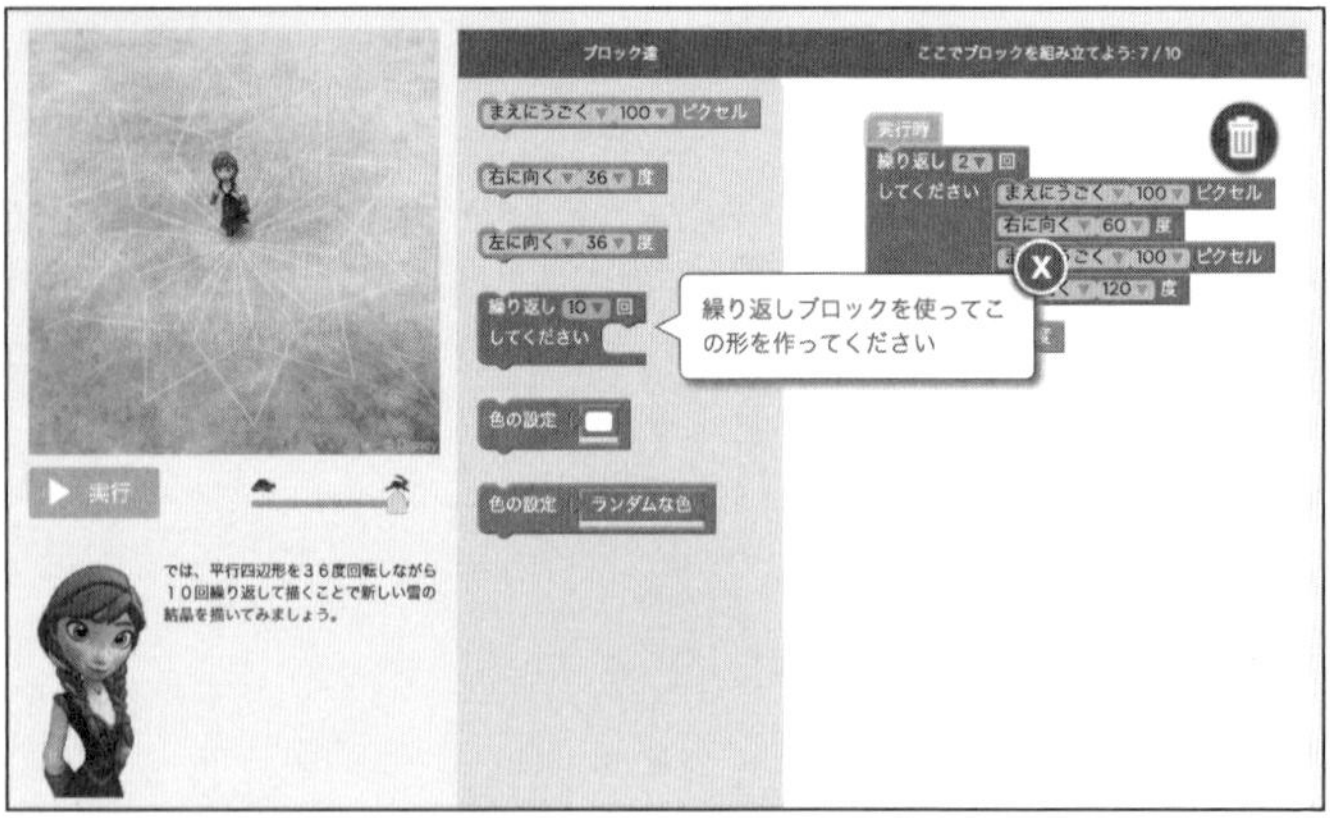

「Code Studio」には子どもが好きなキャラクターを使ったコンテンツがたくさん並ぶ

の上に模様を描く課題、フラッピーバードというゲームを自分で組み立てていく課題など、おもしろそうなものばかり。ゲーム感覚で遊びながら、階段を上るようにプログラミングの基本概念に親しめるよう工夫されています。

何でもプログラムできる汎用的なプログラミング言語と違って、あらかじめ用意された問題を解くことしかできないなど、Code.orgでできることは限られています。しかし、「動かせる」教材、あるいはパズルゲームといった視点で見ると、まったくプログラミングをしたことがない人が楽しみながら雰囲気をつかめる入門編として最適だと思います。Scratchやほかの教育用プログラミング言語を始める前に、ちょっと遊んでみるにはもってこいです。アングリーバードやアナ雪が大好きな娘もすぐに虜《とりこ》になっていました。

その他のビジュアルプログラミング環境

そのほかにも、教育向けビジュアルプログラミング環境がいくつも存在します。それぞれに特徴があり、いずれも無料で利用できるのでぜひ試してみてください。

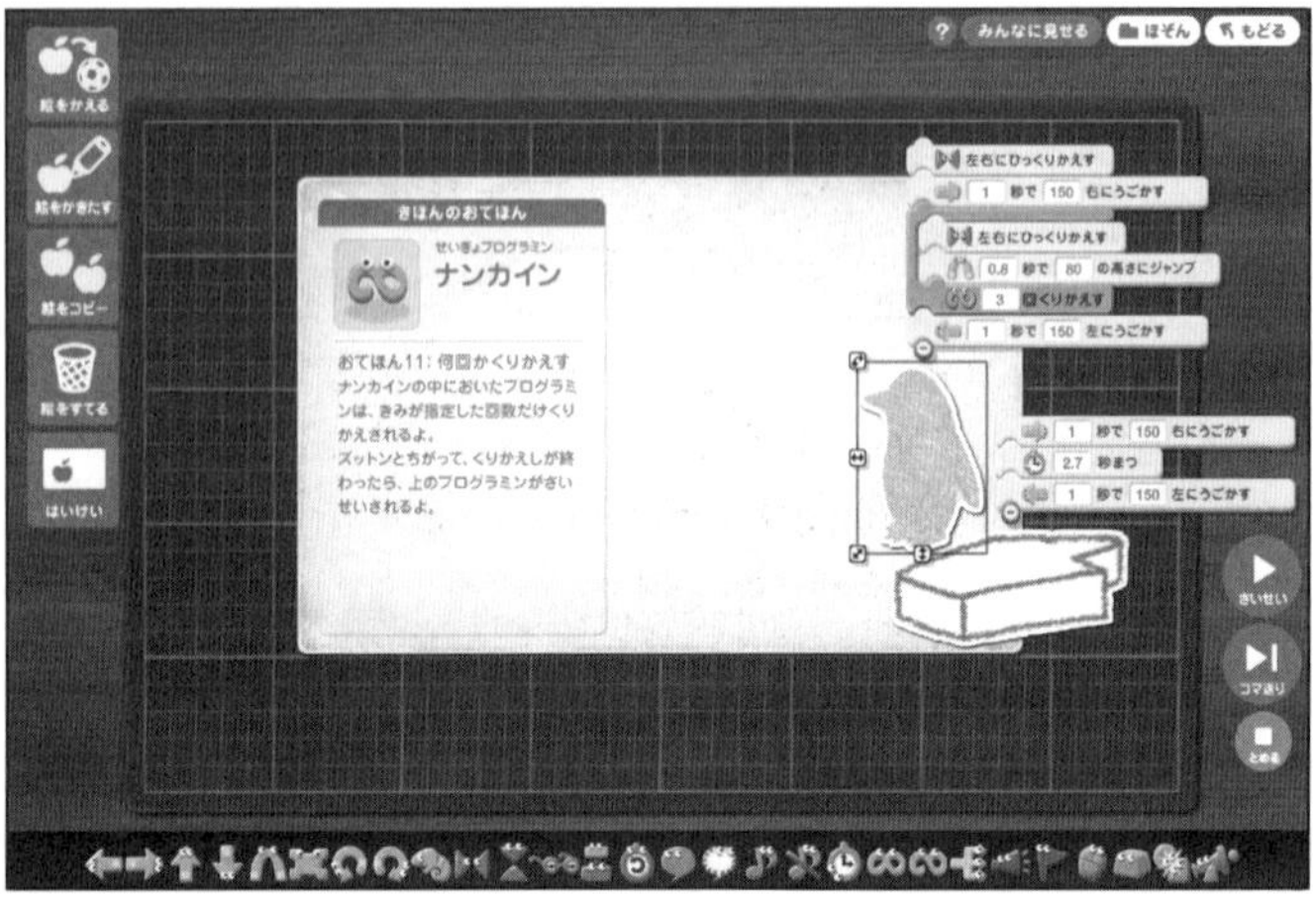

文部科学省が公開した教育用プログラミング環境「プログラミン」

●プログラミン：

文科省発のビジュアルプログラミング環境

「プログラミン」は、子どもたちにも簡単にプログラミングを体験してもらうため、2010年に文部科学省が公開したビジュアルプログラミング環境です。Scratchなどと同様、ウェブブラウザー上でブロックを組み立て、画面上の絵を動かしたりしながらゲームを作成できます。「おてほん」と呼ばれる模範例のゲームなども充実。ゲームで遊びながらプログラムを見て学習したり、改良を加えて自分好みのゲームに作り替えたりできます。

●アルゴロジック：

JEITA発のアルゴリズム学習ゲーム

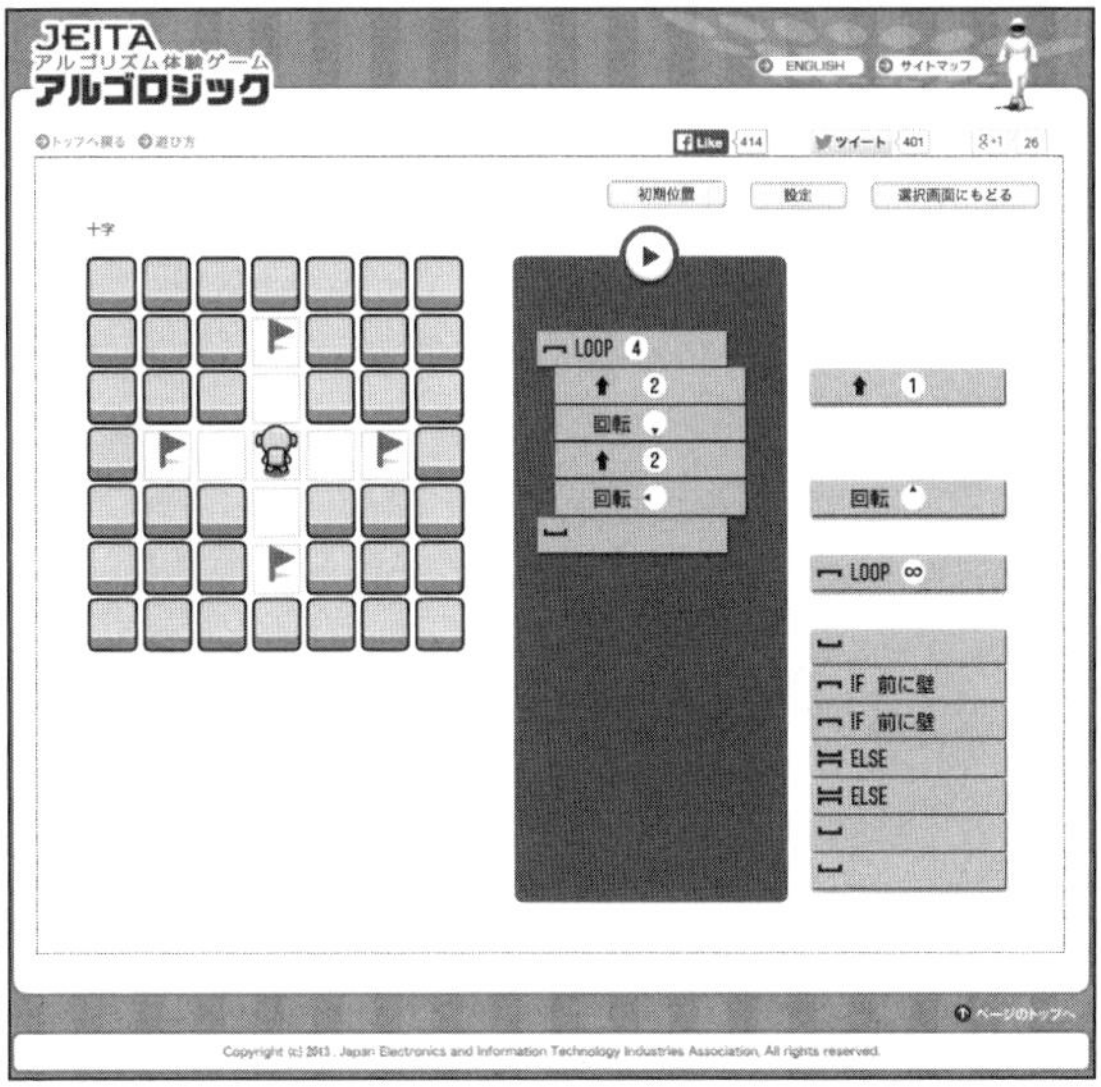

JEITAの「アルゴロジック」は論理的思考を鍛えるゲーム

もう一つ、同じく2010年に電子情報技術産業協会（JEITA《ジェイタ》）が教育用に公開した「**アルゴロジック**」があります。「アルゴリズム体験ゲーム」と銘打つように、ゲームを通してプログラミングの基礎となる「アルゴリズム」の考え方を学ぶサイトです。Code.orgにもあるような「迷路」の課題が出され、与えられたブロックコードだけを組み合わせて迷路内の旗をすべて取るゲームで学べます。

このゲームの目的は、プログラミング学習というよりも、問題解決の手順「アルゴリズム」を考えること。プログラムやアルゴリズムの3つの基本単位、「順次処理（前に進む、向きを変える）」「繰り返し（決められた回数、またはずっと）」「条件分岐（前に壁があったら)」という、限られたパーツを論理的に組み合わせながら、課題を解いていくのです。全体の雰囲気としては、数独《すうどく》やクロスワードパズル、詰め将棋を解くときに似た論理的思考を要求されるゲームです。後半になるほど難易度が上がっていきます。こちらも高校や大学を中心として授業に活用されています。

●前田ブロック：
一味違うブロックでゲームを作る

「前田ブロック」(MOON Block)も日本発のビジュアルプログラミング環境です。特徴はScratchなどに比べて、より簡単にゲームを作れるところ。プログラミング初心者がつまずきやすい「繰り返し」や「条件分岐」をできるだけ使わずに、

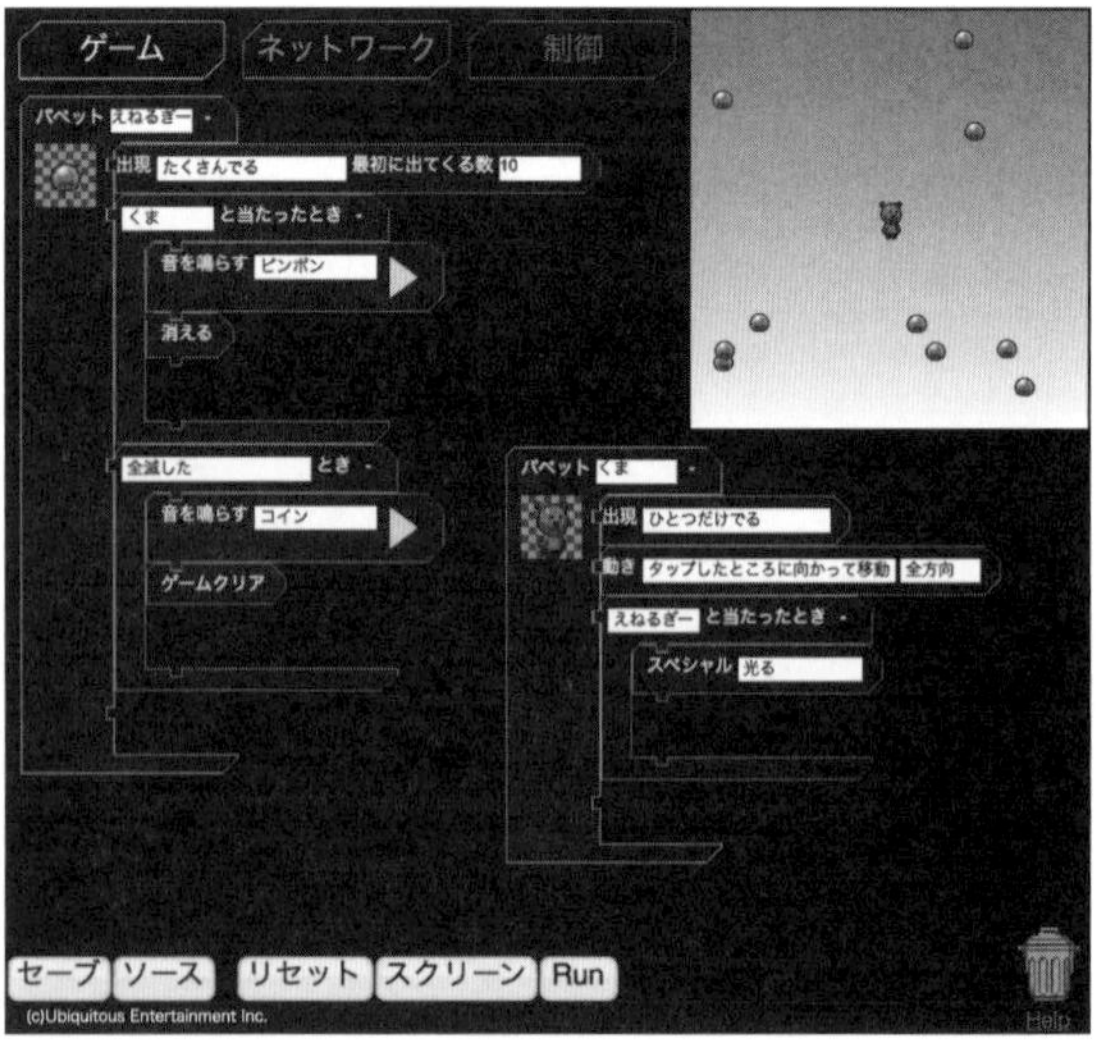

「前田ブロック」のサンプルを参考に娘が作った、エネルギー拾いゲーム

柔軟なプログラムが作れるように工夫されています。

前田ブロックは、ウェブブラウザー上で動くゲームやアプリケーションを「JavaScript」という言語で簡単に作るための「enchant《エンチャント》.js《ジェイエス》」ライブラリを使っています。そのうえ、ブロックで書いたプログラムは、同内容のJavaScriptのプログラムとして見ることができます。前田ブロックで遊びながらゲームを作り、プログラミングの初歩を会得できたら、続けてJavaScriptとenchant.jsを使った本格的なプログラミングも学べるように配慮されているのです。

ブロックを使わないプログラミング

画面上でパズルを組み立てるように行うブロックプログラミングは、プログラミングの基礎を楽しみながら学ぶには大変便利です。しかし、慣れてきて大掛かりなプログラムを作ろうとすると、逆にブロックが足かせとなる場合があります。例えば、プログラムが長くなるほどスクロールして移動するのも大変になり、全体を見通しづらくなります。

そこで、ブロックを使わずにプログラムコードをキーボードで入力させる教育用言語もあります。コードを入力するといっても、そこは教育用。従来のプログラミング言語よりずっと扱いやすく、肩肘を張らずにプログラミングの世界を体験できます。

●ドリトル：
日本語でオブジェクト指向プログラミング

「ドリトル」は2001年に兼宗《かねむね》進《すすむ》さんが開発した教育用プログラミング言語です。「タートル！　作る。」など、なんと命令をすべて日本語で記述できます。1967年にアメリカで開発された教育用プログラミング言語「LOGO《ロゴ》」に影響を受けており、画面上の亀などのキャラクターを動かしたり絵を描いたりできるほか、音階や音色をプログラムで表現したりもできます。あとで説明する「Arduino《アルデュイーノ》」というコンピュー

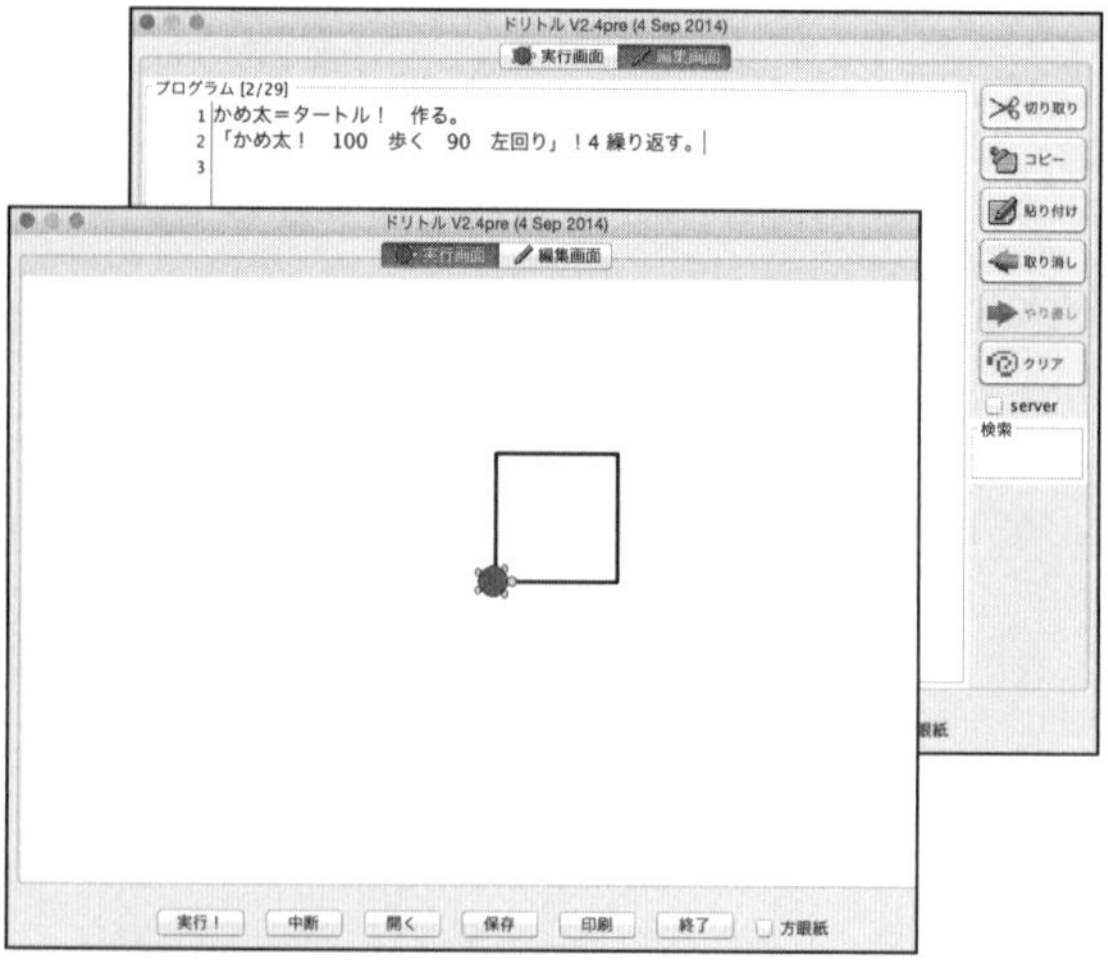

日本語のコードを入力してプログラミングする「ドリトル」

ター基板と通信できるため、日本語での記述によるロボット制御も可能です。そのため、高校の情報教育などで積極的に使われています。

JavaScriptを使ったコードを入力してプログラミングする「BitsBox」

●BitsBox：
タブレットゲームをプログラミング

同じくブロックを使わず、プログラムコードを入力する環境として、２０１４年12月に話題となったのが「BitsBox《ビッツボックス》」です。７歳以上の子どもを対象として、JavaScriptを使ったコードを、実際に段階を追いながら書かせるのです。開発者スコット・リニンガーの「子どもは難しいことには興味を持つが、退屈なことからはすぐに逃げてしまう。最大の敵は退屈なことだ」という発言はある意味、とても挑戦的です。

BitsBoxがユニークなのは、その動作です。ウエブブラウザーでアクセスすると、画面左には仮想的なタブレット、右にはプログラムを書き込むエリアが表示されます。この右のエリアにJavaScriptでプログラムを入力すると、左の仮想タブレット内で様々な画像を動かしたり爆発させたりできます。作ったコードを見ながら動作を確認でき、間違えていたら、その都度丁寧なヒントを出してくれます。

また、画面右上のQRコードをタブレットなどで読み込めば、作ったゲームをその端末上で動かせる点がおもしろいところ。

BitsBoxの利用は無料ですが、月30ドルを支払うと、豊富なイラストとプログラムのサンプルが書かれたブックレットやトレーディングカードが毎月自宅に届きます。この有料サービスは2015年4月より開始予定です。

●Viscuit：コンピューターを粘土のように

原田康徳《やすのり》さんが開発したプログラミング環境「Viscuit《ビスケット》」はさらにユニークです。コードも使わず、むしろより簡単な方向を目指して「ブロックすら使わない」というスタンスなのです。

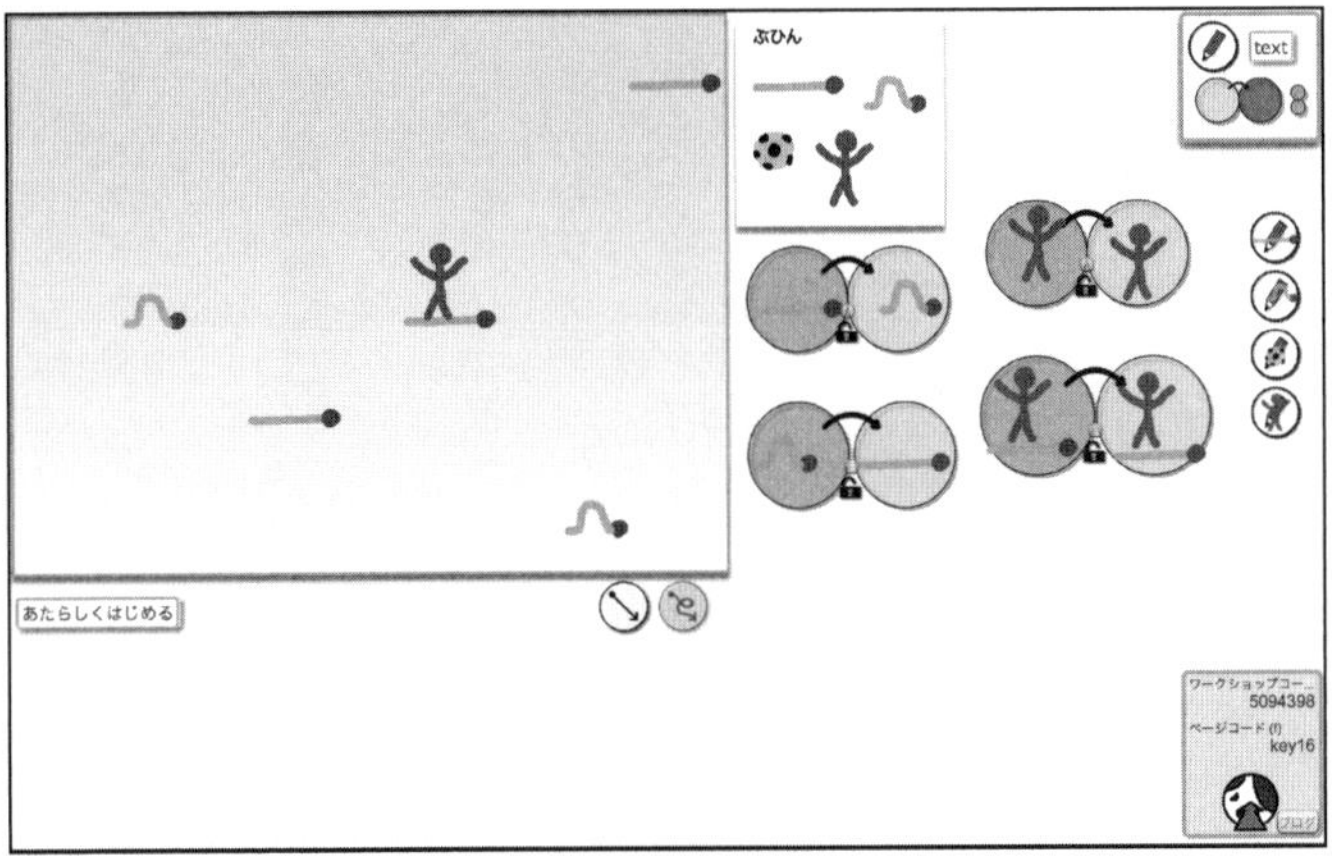

「Viscuit」で娘と私が協力して作った、簡単な「いもむし乗り」ゲーム

「コンピューターを粘土のように」と銘打ち、一見するとどこがプログラミングなのかわからないほどシンプルで、未就学児でもあっという間に使いはじめられる画面です。

操作はまず、絵を描いて「ぶひん」を作ります。次に「めがね」と呼ぶパーツを使い、その「ぶひん」が次にどうなるか、位置をずらしたり向きを変えたりして配置します。この「めがね」の左から右への変化が、実は「ぶひんがこうなれば、次はこうなる」というプログラミングの本質を表すのです。一見プログラミングをしているように見えませんが、プログラムの動作原理がしっかりと表現されています。

Viscuitはこのように「遊ぶように自然にプログラミングのエッセンスを体得できる」のが

特徴です。手探りで楽しみながら、ゲームを作ったりカラフルな画像を描いたりでき、しかもプログラミングの本質が体得できます。

教育用言語の「入り口」としての価値

子ども向けの教育用プログラミング言語環境は、Scratchの登場で一気に広がりを見せた感があります。ただ、それらの教育用言語を使っても、実際にウェブサービスやスマホのアプリケーションを作れはしません。プログラミングに使える命令も一部を除いて非常に限定的で、画面の中のキャラクターなどを操作するだけのものがほとんどです。

結局あとで本格的なプログラム言語を学ぶことになるなら、二度手間になるだけ。いっそ最初から本格的なプログラミング言語を学んだほうがいいのでは？と考える人がいても不思議ではありません。

しかし、私はそうではないと考えています。

例えば、過去にプログラミングの経験はなくても、プログラミングがどのようなものであるか興味があり、知っておきたい。そういう人にとって、プログラミングのエッセンスがきちんと反映されている教育用プログラミング言語は、その「とっかかり」として非常に役立つはずです。

教育用プログラミング言語では本格的に凝ったプログラムやゲームを作れないかもしれませんが、教育用言語を通してプログラミングの基本概念が学べます。初心者が新しく本格的な言語を学ぶ際に、基本概念を理解しているかいないかで、学習効率は大きく変わるのです。

そもそも、制約が多いと考えること自体が間違いかもしれません。自由で柔軟な感性を持つ子どもたちは、大人が「制約が多くてたいしたものは作れない」と考える言語でも、びっくりするような作品を作り上げることが多々あるのですから。

また、教育用プログラミング言語は、「入門者にとってわかりにくい部分」が排除されている点も重要です。繰り返しの概念や変数の概念などのつまずきやすいポイントが、組み立てブロックによってイメージしやすくなるよう、工夫されています。また、キーボード入力が苦手でも、マウスでドラッグ&ドロップしたり、タッチ操作によってプログラムを無理なく組み立てられます。

まずは「初心者がプログラミングに興味を抱くきっかけを提供したい」。そのためには、

「やる気をそぐ障壁を極力なくしてあげたい」。そして「本当に興味を持った人は自らの力でどんどん本格的なプログラミングの世界に飛び込んでいってほしい」。教育用プログラミング言語には、それぞれの開発者たちのそんな願いが込められています。

ロボットやおもちゃをプログラミング

子ども向けの教育用プログラミング言語はこの数年で着実に進化を遂げ、ついには電子機器やロボットを制御できるものも登場しています。簡単なプログラミングでロボットを動かせてしまうのです。

「IoT《アイオーティー》」(Internet of Things)という言葉を聞いたことがあるでしょうか。家庭で日常的に使われている家電や電子機器が、パソコンやスマホ・タブレットなどと同じようにインターネットにつながるというものです。近い将来、あらゆる機器同士が互いに情報を交換し合い、これまでできなかった使い方がどんどん生み出されていくといいます。

この背景には、コンピューターや各種センサーがどんどん小型化し、安価になったことがあります。それによって、今までは想像もしなかった設備機器にもコンピューターやセンサーを搭載できるようになりました。

ＩｏＴの世界では、ほかの機器が出力したデータをネットワーク経由で「入力」として受け取り、「処理」をしてまた「出力」するなど、家の中の様々な小さな機器同士が連携し合い、より大きな目的を実現します。その典型的な例は「スマートハウス」です。玄関の鍵、消費電力、冷蔵庫の温度センサー、各部屋の明かり、空調、居住者が身につけるリストバンド型センサーから取得した体温や心拍数などをお互いに連携させて、住人はこれまで体験できなかった快適で健康的な生活を送れます。

プログラムはもはや、コンピューターの中で電子的に動き回る「目に見えない情報やデータ」だけではなく、実際に三次元の世界で「見て、感じて、触れる機器」も処理の対象としつつあるのです。

ロボットやおもちゃを使ったプログラミングは、そういった「実体のあるものを、処理の対象にするプログラミング」の手始めにもなります。作ったプログラムの結果が、単に画面の中で動くだけではなく、実際に手で触れるロボットやおもちゃを動かすのは、本当に楽しいものです。

こうした「フィジカルコンピューティング」はもともと、機器に搭載する小さなコンピューターに対してプログラミングすることで実現していました。かつては電子工作マニアや専門家などだけが行う、初心者にとっては手を出しづらい分野だったのです。ところが近年、「ビジュアルプログラミング」などを使い、ロボットやおもちゃ、電子機器を操作できるような環境が整ってきました。プログラミング学習としても、フィジカルコンピューティングの体験としても、誰でもチャレンジできる手軽さがあります。

そんなフィジカルコンピューティングの世界が楽しめる環境を、いくつか紹介します。

Lego Mindstorms：教育用ロボットコンピューティングの先駆け

日本でもおなじみのブロック玩具「LEGO《レゴ》」。そのロボット制御学習用キットが「LEGO《レゴ》 Mindstorms《マインドストーム》」です。もともとは1998年、小中高校生に理科や技術への興味を持ってもらう目的で、初代Mindstormsである「RCX」が発表されました。しかし結果として世界中の教育機関、大学の研究室、そして企業がこぞって導入しました。

2002年から毎年日本で行っている「ETロボコン」（旧名称：UMLロボコン）で共通して使われるロボットも、Mindstormsです。地区大会を勝ち上がってきた参加チームは、同じ仕様のMindstormsを使い、そこに搭載するプログラムを考え、毎年決められた競技規約に基づいてタイムやスコアを競います。

初代のRCXと2代目「NXT」（2006年～）では、「LabVIEW《ラボビュー》」というプログラミング言語をベースにした「ROBOLAB《ロボラボ》 for LabVIEW」というビジュアルプログラミング環境が用意されており、ロボット制御になじみがない人でもプログラミングが行えるよう配慮されていました。

2013年9月に登場した3代目の「LEGO Mindstorms EV3」。価格は6万円前後

2013年9月に販売が開始された3代目、対象年齢10歳以上の「EV3」は、コンピューター部分が大幅に進化しており、より大きなプログラムを高速に動かせるようになったほか、スマートフォンやタブレットからの操作もできます。また、プログラミング環境も大幅に進化しており、より親しみやすいビジュアルプログラミング環境が提供されています。

付属する入力センサーは「**カラーセンサー**

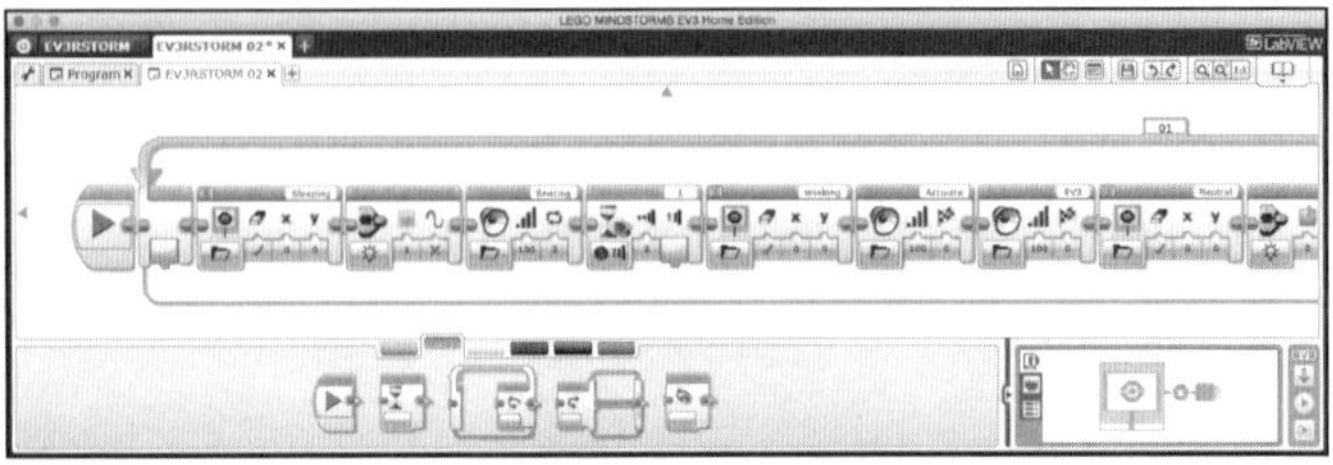

EV3用のブロックプログラミング環境。アイコンをドラッグ＆ドロップで横につなぎながら作成する

（7種類の色と光の強さを認識）」「**タッチセンサー**（触れた、ぶつかった、離れたを認識）」。出力装置は「**赤外線ビーコン**（別売のセンサーに向けて赤外線を送信、遠隔操作や追跡に使う）」「**モーター**（ロボットを移動させたり、アームを動かしたりする）」です。これらの入力センサーからの情報を処理し、出力することで、床に書かれた線をたどって移動するロボット、壁にぶつかったら向きを変えながら移動するロボットなど、様々なロボットが作れます。

２０１４年12月現在の価格は６万円前後。個人で買うには躊《ちゅう》躇《ちょ》する値段ですが、自分で書いたプログラムでロボットを動かしてみたい人にとっては、価格以上の価値があるでしょう。

もう少し低価格なものに「LEGO《レゴ》 WeDo《ウィードゥー》」という低年齢向けセットがあります。コンピューター部分が付属しませんが、レゴブロックと各種センサーやモーターがセットになっていて、センサーをＵＳＢでパソコンにつなぎ、Mindstormsと同様のプログラミング環境でプログラミングします。歯車や滑車、モーターの動きを考え、試行錯誤しながらプログラムを書くため、論理的思考能力の訓練やプログラミング入門になるだけでなく、物理現象についても学べます。

Artec Robotist：日本発のロボットプログラミングセット

２０１２年にアーテックが発売した「Artec《アーテック》ブロック」という製品があります。先ほどのLEGOや、ダイヤブロック、リブロック、LaQ《ラキュー》、ワミーなど、教育・知育用に開発・販売されているブロック玩具はいろいろありますが、そのうちの一種です。

Artecブロックがおもしろいのは、一辺が２cmの立方体を基本ブロックとして、上下方向のほか左右方向にも組める点です。接続用の突起がブロックの中央ではなく隅にあるため、ずらしながら斜めに造形したりもできます。

このArtecブロックを使ったロボット教材「Studuino《スタディーノ》」および「Robotist《ロボティスト》」が２０１４年に発売されました。様々なセンサーやモーター、ライト、ブザーなどを使い、本格的なロボットプログラミングを体験できます。

立方体のパーツをタテヨコ斜めにつなげられる「Artecブロック」（右）とArtecブロックを使ったロボット教材「Robotist」（左）

Studuinoは、Artecブロックやモーター、センサーなどと組み合わせて使う「コンピューター基板」です。２００５年にイタリアで開発された**オープンソースハードウェア**のコンピューター基板「Arduino《アルドゥイーノ》」の互換ボードで、ピンで接続したセンサーからの情報を受け取ったり、モーターを制御したりできます。

オープンソースハードウェアとは、ハードウェアの設計図が公開され、その設計図をもとに同じハードウェアを作って販売・配布したり、設計図をもとに改造したものを作ってもよいというものです。その代わり、もとの設計図に基づいて制作したり改変した、新しいハードウェアの設計図もまた、同じ条件の下、公開しなくてはいけません。コンピューターソフトウェアの世界ではこのような「良いものはみんなで共有しよう。自由に使い、自由に改造しても構わない。ただし改造したものもまたみんなで共有しよう」という「オープンソース」という考えが市民権を得ていますが、これをハードウェア設計の世界にも持ち込んだものです。

このおかげもあり、Arduinoおよびその互換ボードは２０００円～５０００円程度と、従来のコンピューター基板に比べて非常に安く手に入ります。Ｃ言語をもとに簡略化した言語でプログラミングする開発環境も好評で、オリジナルのArduinoだけでも２０１３年までに70万台が売れたといわれています。

その互換ボードであるStuduinoは、Arduino用の開発環境が利用できるほか、Scratchをベースにロボットを操れるように改良したブロックプログラミング環境、さらにはより簡単な「アイコンプログラミング」の環境まであり、センサーやモーターを追加購入してつなげば簡単に制御できます。

例えば、

・光センサーから明るさを読み取り、明るさに応じてブザーで音程を奏でる
・タッチセンサーを使って壁やものに当たったことを検出する
・音センサーから音量を読み取り、音の大きさに応じてＬＥＤを光らせる

・赤外線フォトリフレクタで距離を測り、ものが近づいてきたらモーターを動かすなどの制御を、パソコンでプログラミングし、USBケーブルで接続したStuduinoに転送することで、簡単に実現できます。

特にScratchをもとにしたプログラミング環境が用意されていることは非常に魅力的です。プログラミング入門をScratchで行った人は、すぐにフィジカルコンピューティングを楽しめるのです。画面の中でキャラクターを動かすだけでなく、プログラミングで実際にものを動かすことは、子どもにとっても大変刺激的で楽しい経験に違いありません。

そして、このStuduinoとArtecブロック、各種センサーなどをセットにしたのが「Robotist」です。

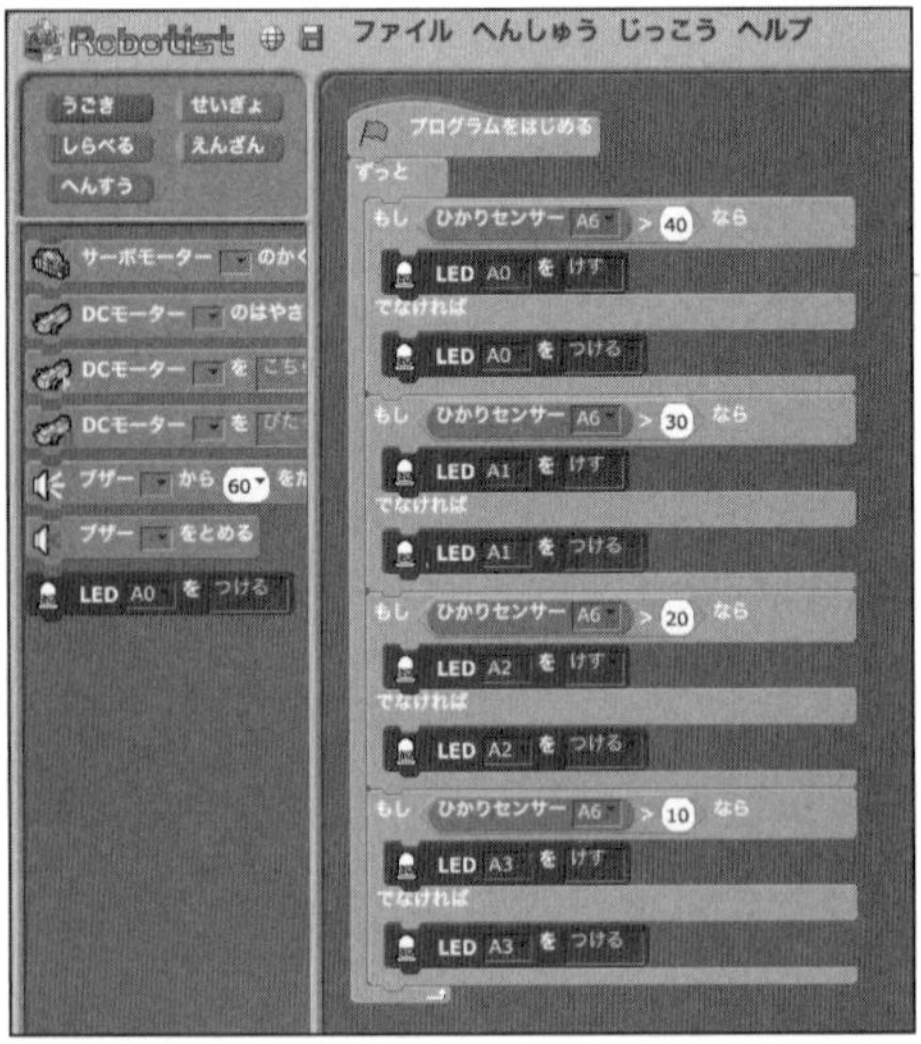

筆者の娘が、「Studuino」を使って自分で作ったプログラム。暗くなるとLEDが順に光り、明るくなるとLEDが順に消えていく

各種ロボットの設計図やプログラムがウェブサイトで公開されていて、すぐにロボット作りが楽しめます。各種センサーからの「入力」、Studuino上での「処理」（プログラミング）、モーターやブザー、LEDなどへの「出力」といったプログラミングの基本制御が、ロボットを通じて学べます。

Studuino基板は3000円前後、各種センサーやArtecブロックがセットになったRobotistもベーシックセットは2万2000円前後と、個人でも充分に手が出せる価格なのが魅力的です。

「学ばせる」ではなく「共に学ぶ」

本章では、子どもや初心者が入門用として使える教育用プログラミング言語や、子どもでも遊び感覚でプログラミングしながらロボットを制御できるキットなどを紹介しました。テクノロジーは、我々の想像をはるかに超えるスピードで今も進化し続けています。現在の技術やノウハウがそのまま5年後、10年後に使える保証はどこにもありません。つまり、特定のテクノロジーのみに依存した学習では、賞味期間が短くなってしまいかねないのです。

将来どんな技術が登場しても、それまでに学んだ知識を使って分析し、考え、組み立て、新しい技術の上でモノを生み出していく。そんな「考える知恵」の「根幹」を鍛えるために、ここで紹介したような言語を通してプログラミングの基礎を学ぶことが役立つのです。

幸い、現在はプログラミング入門用の言語が多数存在しています。子どもと一緒にゲームを作ったり、ロボットを組み立てたり、ロボットを動かすプログラミングをしたりするうちに、コンピューターがどんな仕組みで動いているのか、徐々にはっきりと理解できるようになります。そして入門用プログラミング言語が「物足りなく」感じるようになればしめたもの。頭の中に浮かぶアイデアを実現する手段・道具として、いろいろなプログラミング言語にチャレンジしてください。

第6章

子どもが
将来も意欲的に
取り組めるように

Teach your kids to code
to turn them into billionaires

子どもの原動力となる刺激を！

プログラミングって思っていたよりも身近で、おもしろいものなのかもしれない。これだったら、子どもと一緒にプログラミングを通して遊びながら、コンピューターへの理解を深められるかもしれない！　ここまで読んでそう思っていただければ幸いです。

おそらく本書を開く以前、「プログラミング」と聞けば、ただひたすら一人孤独にコンピューターに向かい、キーボードから黙々と打ち込むもの。もしかしたらそんなイメージがあったかもしれません。確かに集中して脳をフル回転させないとプログラミングはできませんし、効率も上がりません。

その一方で、プログラミングは孤独な作業だけでは成しえないものでもあります。友達や同僚とアイデアを出し合い、互いのプログラムを比較して良い点や悪い点を指摘し合う。あるいは先人の成果を参考にしながら、もっと良いプログラムを作る。そんな共同作業もプログラミングにはとても大切なのです。

プログラミングにかかわらず、一人で悶々と考えを巡らせるよりも、多くの仲間と協力してアイデアを出し合うことで、個人では思いつかなかった発想が生まれることはよくあります。「コラボレーション」や「集合知《しゅうごうち》」といったキーワードも一般的になりました。人から受ける刺激はかけがえのないものです。

子どもがプログラミングに興味を持ち、深く学びたいと思ったときに、私たち親は具体的にどんなサポートをしてあげられるでしょうか。教えてあげるのも一つの手ですが、同じくプログラミングに興味を持つ仲間など、様々な人たちと出会う機会を作ってあげるのはとてもいい方法です。きっと大いに刺激を与え合い、成長してくれるはずです。

ここでは子どもが近い将来、「次の一歩」を踏み出すときに役立つ環境、仲間を作って情報交換できる環境、腕試しにチャレンジできる場などを紹介していきます。また、子どもたちのさらなる将来を考えたとき、サポートするうえで知っておきたい「プログラミングの世界」についても説明します。

世界最大級のこども創作イベント

人が一気に大勢集まる「イベント」は最も気軽に参加できて、しかも子どもに大きな刺激を与えられる格好の機会です。例えば、第2章で紹介したCANVAS《キャンパス》が主催する、年に一度の大型イベントが、「**こどものためのワークショップ博覧会 ワークショップコレクション**」です。２００４年に第1回が開催され、２０１４年8月29〜30日には、記念すべき第10回が青山学院大学青山キャンパスで開催されました。そこには、延べ5万７０００人の親子が参加しました。

ワークショップコレクションでは全国で活動する様々な地域サークルや企業のセミナーなど、１００以上のワークショップが一堂に会しました。お絵描き、モノ作り、アート制作、プログラミング体験、ロボット操作など、まさにバラエティー豊かな「博覧会」です。

プログラミング関連では、例えば以下のようなワークショップが行われました。

・Artec《アーテック》ブロックを使い、Scratch《スクラッチ》でプログラミングしてオリジナルロボットを作る
・プログラミング環境「Viscuit《ビスケット》」を使ったタブレットゲーム制作
・iPhoneを乗せて動かせるロボット「Romo《ロモ》」を使い、思い通りにロボットを動かす
・紙に書いた絵をパソコンに取り込んで短いアニメーションを作る
・iPadで３Dモデルを作り、３Dデータから作った板紙を切り抜いて作品を組み立てる
ほかにもスペシャルプログラムとして、２０１４年に発売され話題となったロボット

「Pepper《ペッパー》」をプログラミングで動かすワークショップや、Raspberry《ラズベリー》 Pi《パイ》を使い、Scratchでプログラミングしてロボットを制作する2日がかりのワークショップ。様々なロボットやプログラミング環境、電子工作キット、ゲーム、デジタル機器やモノ作りの世界を体験できるコーナー「Touch & Play」などが大盛況となりました。

同時に、子どもたちにプログラミングを経験させる意味を解説した「おとな向けレクチャー　子どもたちが本物のコンピューターを持つ意味とは?」も開催。親子で参加できるワークショップも数多く開かれました。子どもだけではなく親や教育従事者、企業、個人、団体、自治体、アーティストなど、様々な立場の人たちが子どもの創造的活動を積極的に後押しするつながりを作ろうという熱気があふれるイベントでした。

また、「この活動を全国に広げ盛り上げたい」という思いを持つ全国の美術館・博物館・大学キャンパス・科学館などを会場として、「クリエイティブキッズデイ」というイベントが同時開催されました。「こどもたちの『創る』を応援する年に一度のお祭り」として、全国80ヵ所以上の地域で様々なジャンルをカバーした約150のワークショップを開催。各会場には数多くの親子が集まり、めいめいに創作活動に打ち込むなど、大変な盛況ぶりだったようです。

こうした全国規模のイベントもあれば、科学館や自治体などが開催する「地元の」イベントなど、様々な催しが身近にきっとあるはずです。その中にはプログラミングやロボット制作などのテーマも数多くあります。今後ますます増えていくでしょう。

そんなイベントを親子で体験できたら、そこで終わらせるのはもったいない話。引き続き、モノ作りやプログラミングの楽しさを友達も巻き込みながら追求してください。腕を磨くうちに、親子でどこかのワークショップのボランティアとして参加できるようになったらさらにすてきですね。実際のワークショップでも、そんな親子をよく見かけます。「モノ作りや創作の遊びの場」を広げる輪に参加していくことが、より多くの子どもたちが「考え、悩み、作り、楽しむ」ことのできる場を増やすことにもつながります。

プログラミングキャンプ

キャンプといえば、ボーイスカウト／ガールスカウトとか、野外活動などのイメージが頭に浮かびます。しかし、アウトドアではないプログラミングをテーマにしたキャンプが、学生の長期休暇中に様々な会場で行われています。

例えば、第2章で紹介したライフイズテックでは、２０１１年から中学生・高校生向けの「**プログラミングキャンプ**」というイベントを定期的に開催しています。これは通常のスクールと違い、夏休みや冬休みなどに大学のキャンパスやＩＴ企業のオフィス、リゾート地のホテルなどを会場にして、学生だけを集め、短期間で行うプログラミング合宿です。３泊４日、４泊５日といった長丁場の期間、仲間とチームを組んで課題に挑み、プログラミングに明け暮れます。もちろんその合間には仲間との交流を深めるバーベキューなどのお楽しみも。短期集中キャンプは、プログラミングスキルの向上もそうですが、仲間作りの場としてもぴったりでしょう。２０１４年までに延べ５０００人以上の中高生が参加しており、リピーターも続出する盛況ぶりです。

ライフイズテックやCA《シーエー》 Tech《テック》 Kids《キッズ》では、プログラミングキャンプがどのようなものかを知りたい子どものために、通常のスクールを行っている教室を会場として、１日無料体験会なども行っています。これはキャンプ初日のタイムテーブルに従ってアプリ開発を体験できるというもの。保護者も見学や参加が可能で、子どもと一緒に開発を体験できる貴重な機会となっています。興味を持ったら門をたたいてみてください。

ハッカソン／ビジネスコンテスト

ワークショップやキャンプなどで刺激を受けて、学ぶための意欲を引き出すほかに、学んだ成果を最大限活用して人と競い合うイベントも多数あります。

例えば近年、「**ハッカソン**」というイベントが全国各地で多数開催されてブームになっています。

ハッカソンという言葉は、「ハック」（深いコンピューター知識・技術を駆使して開発などに当たること）＋「マラソン」に由来します。何時間、あるいは何日もかけて、複数人からなるグループ同士でソフトウェアの制作、改良を行い、評価を競い合うのです。あるいは、既存のソフトウェア、ハードウェアの新しい活用法のアイデアをプレゼンテーションで競うようなケースもあります。

ハッカソンはもともと、１９９９年にアメリカのＩＴ企業や開発者会議の場で、ソフトウェアの改良方法や活用方法に挑戦するイベントとして始まりました。その後、新しいアイデアを生み出したり、ビジネスプランを考えたり、プログラミング技術を競ったりする方法として、数多くのＩＴ企業やカンファレンス（学術会議や研究会）で採用されました。起業のアイデア、新しい製品の開発といった、よりビジネス寄りの視点で行うものは「**ビジネスコンテスト**（ビジコン）」とも呼ばれます。

日本で一大ブームとなったのは２０１４年。様々な企業や自治体、大学、ベンチャーファンドによって、多種多様なハッカソンが主催されました。地域のまちづくりのアイデアを出し合うもの。ある特定のテクノロジーを使ったアプリやサービスを使った自由な製品を考え、開発してその成果物を競うもの。純粋にプログラミングの腕を競うコンテストなど、様々なハッカソンが開催されています。寝袋を用意してほぼ夜通し、あるいは完全に徹夜でプログラミングを行い、最終プレゼンテーションの準備をする、といったタフなものもあります。

子ども版のハッカソンも登場しています。プログラミングスクールを主催するTENTO《テント》は２０１４年3月に「第1回小・中学生ハッカソン」を開催。Viscuitプログラミング部門、Scratchプログラミング部門、JavaScript《ジャバスクリプト》プログラミング部門に分かれて、各部門で個人あるいは3人一組のグループでプログラミングをしながら競いました。与えられた数時間の中で、ゲーム、算数クイズ、物忘れ防止タイマー、料理レシピアプリ、ロールプレイングゲームなど、子どもたちは思い思いのプログラム作りに没頭。制限時間終了後は、作品のプレゼンテーションを行いました。そして最後に優秀作品を表彰するなど、やる内容は大人さながらです。でも、そこは小・中学生対象のイベント。参加した子どもたちはお菓子が食べ放題だったそうです。

今後は、こうした子ども向けのハッカソンも増えてくるかもしれません。自宅やプログラミング教室で作るだけではなく、個人戦・チーム戦で長時間集中して、アイデアや作品の成果、プレゼンテーション能力を競い合う場はきっと大きな刺激になるはずです。

プログラミングコンテスト（プロコン）

プログラミングの魅力にはまった子どもたちが、「もっと難しいことに挑戦してみたい」「もっとプログラミングの腕を磨きたい」と思ったときにチャレンジする場もあります。

プログラミング技術による競技、いわゆる「**プロコン**」（プログラミングコンテスト）です。

プロコンにも様々なレベルがあり、競う内容もそれぞれです。例えば、国際科学オリンピックと呼ばれる、世界中の優秀な高校生たちが問題解決能力を競う知的競技で、数学・

物理・化学など全8科目のオリンピックが開催されているのですが、その一つ「情報オリンピック」は頭脳戦を繰り広げるプロコンの頂点といってもいいかもしれません。

1日5時間で3問にチャレンジし、2日間で全6問の点数を競います。与えられた各問題を解くプログラムを書くのですが、ただ単に正しい答を出すプログラムだけではまったく勝てません。いかに効率良いアルゴリズムになっているか、いかにプログラムの実行時間が短くなっているかなどで評点が行われます。プログラミングそのものの技量はもとより、問題解決能力や数学的思考力、アルゴリズムを考える力といった、数理的な能力が大きく問われるコンテストです。日本は1994年から参加しており、2014年大会までに9名の日本人金メダリストを排出しています。

さすがに情報オリンピックへの出場となれば、全国の名だたる進学校の秀才がひしめく狭き門。しかしほかにも、国内で様々な中高生向けプログラミングコンテストが開催されています。情報オリンピックのような競技系のほかにも、数ヵ月や1年などの期間をかけてプログラミング技術を駆使して開発した作品、ソリューション（ビジネスの課題を解決するシステム）など、作った成果をプレゼンテーションして競うものもあります。

例を挙げると、22歳以下なら誰でも参加できる「U－22プログラミング・コンテスト」。

16歳以下の「U－16 釧路プログラミングコンテスト」や「U－16 旭川プログラミングコンテスト」。高等専門学校生が対象の「全国高等専門学校プログラミングコンテスト」。プログラミング言語Ruby《ルビー》に特化した「中高生国際Rubyプログラミングコンテスト in Mitaka」などです。

こうしたプログラミング作品やプログラミングの腕を競う場が増えることが、子どもたちのモチベーションアップにつながり、より斬新な発想が生まれるきっかけになればと思います。

TopCoder

参加して好成績を収めれば、将来ＩＴ企業からスカウトされるかもしれない。そんなプログラミングコンテストもあります。

２００１年に始まったのは、「TopCoder《トップコーダー》」というオンラインの競技プログラミングコンテスト。世界中のプログラマーが、出された課題を解くアルゴリズムを考え、制限時間内にプログラムを書き、その出来を競います。２０１４年12月の時点で、世界中から集まった登録者数は70万人超。

TopCoderにはいくつか部門があり、最も有名なのが「SRM」(Single Round Match)と呼ばれるコンテストで、毎月数回開催されています。オンラインで参加申し込みを行い、75分間の本番中に課題を読み、プログラムを組んでオンラインで提出。最適解のプログラムをより早く提出したほうが高得点となりますが、出された課題の仕様を1ヵ所でも満たさないプログラムであれば0点です。

おもしろいのが、75分の本番終了後、5分の休憩をはさんだあとに行う「チャレンジフェーズ」です。同じ「対戦部屋」にエントリーして競っているほかの参加者たちが書いたプログラムの間違いを探し、攻撃します。他人のプログラムの間違いを見つけられれば自分の得点に加算され、指摘が間違っていれば逆に減点されます。

そして最後に、審判団の用意したデータによってプログラムの最終チェックを行い、課題の難易度、プログラム提出の早さ、プログラムの出来、他人のプログラムへの攻撃数などによりレート(成績)がつけられます。過去の成績を含めて上位一握りの優れたレートを獲得した参加者は「**レッドコーダー**」と呼ばれ、優れた才能を持つ者としてプログラマー界隈で一目おかれるようになります。過去にレッドコーダーに認定された日本人はまだ十数名しかいません。またＩＴ企業の中には、TopCoderで高レートを収めたプログラマーを厚待遇で採用する企業もあるようです。

とてもハードルが高そうに思えるTopCoderですが、参加資格は特に制限がありません。参加費は無料で、誰でも参加できるコンテストです。社会人でも学生でも、プログラミングをしたことがある人ならば自由にエントリーできます。プログラミング技術を磨きたい、より良いアルゴリズムを考えるトレーニングをしたいと考える世界中の多くの人が、定期的に参加しています。課題はすべて英語で出題されるので、そこがネックになるかもしれませんが、辞書を引いてもオンライン翻訳を使っても構いません。

自信のついた人が気軽に腕試しできる環境があるのはすばらしいことです。

コミュニティーやオープンソースを有効活用

ワークショップやプログラミング教室、ハッカソン、プログラミングコンテストなどで知り合った友達と継続して情報交換ができれば、お互いに刺激を与え合い、プログラミングの楽しさを発見できるチャンスがより広がります。

それ以外にもプログラミング学習に役立つ情報を交換する手段はたくさんあります。インターネット上でもプログラミングについて相談できるサイトがあり、有志によるプログラミングの勉強会も数多く開催されています。

同時に、他人の書いたプログラムを自由に読み、そこから学ぶことだって可能です。

第5章で紹介したプログラミング言語「Scratch」のウェブサイトでは、世界中から作品が公開され、みんなの作品を見られます。また、その作品で遊べるだけではなく、他人の作品がどのようにプログラミングされているか、そのコードを見ることも。さらに、他人の作品やコードをもとに、そこに自分なりの改良を加え、新しい作品とすることだってできます。もちろん、そうやって作った新しい作品が、さらに他人によって改良されて公開されることもあるでしょう。

このような行為をScratchでは「リミックス」と呼んでいます。ちょうど、ＤＪがレコードを再生するときに、スクラッチやフェーダー、エフェクターなどを駆使して音源をリミックスするのに似ています。

これは、Scratchで作り、Scratchのウェブサイト上で公開した作品には、以下のライセンスが適用されるから可能なのです。

・自分で作った作品は、プログラム部分も含めてみんなに公開される
・他人の作ったプログラムを改変して自分の作品として公開しても良い
ただしその場合には、もととなった作品や作者を明記し、改変した作品もプログラム部分も含めて公開しなければならない

他人が作ったものを自由に参考にし、改造・修正して公開してもよい代わりに、新たに作った自分の作品も他人に見てもらえるようにし、改造・修正を自由に行ってもらえるようにする。これは「Copyleft《コピーレフト》」と呼ばれるソフトウェアライセンスの考えを参考にしたもので、いわゆる「オープンソース」と呼ばれるソフトウェアの多くに共通する考え方です。

実はScratch自体も、フリーソフトウェアライセンスで公開されているので、Scratch自体がプログラミング言語としてどのように作られているか、自由に参照できます。また、Scratchそのものを自由に改造したり機能を追加したりもできます（ただし改変したものも必ず同じライセンスで公開しなければなりません）。第5章で紹介した様々なプログラミング言語の多くもまた、同様のライセンスで公開されています。

先人が作ったプログラムを自由に参照し、それを教科書として自由に参考にできる。そして自由に改造・修正して、自分が作ったものをまた公開できる。みんなで共有し改良す

るという考えのおかげで、誰もが自由にプログラミングの世界で活動できるのです。インターネットでつながった日本中、世界中がプログラミングのコミュニティーであり、プログラミングを楽しむ子どもたちもその中の一員なのです。

次にどのプログラミング言語を学ぶか

子どもがScratchなどのブロックプログラミングに物足りなさを覚え、テキストを打ち込むプログラミングに興味を持ちはじめた。そのとき、何をすすめたらいいかわからない、という人がいるかもしれません。

その問いに対する答は、「基本的に何をすすめても大丈夫」です。もしスクールなどで教えてもらえる言語に選択肢があるなら、そこから子どもが興味を持ったものをすすめてください。ワークショップなどで、メンターがすすめてくれる(それは、たぶんメンターが教えられる)言語があればそれがいいでしょう。Java《ジャバ》でもC＃《シーシャープ》でもObjective-C《オブジェクティブ シー》でもSwift《スウィフト》でもDelphi《デルファイ》でもVB《ビジュアルベーシック》でもJavaScriptでもRubyでもPython《パイソン》でもScala《スカラ》でも何でもいいのです(主なプログラミング言語については巻末の付録にまとめておきます)。

「何でも大丈夫」と答えるのには理由があります。きっと「何をすすめたらいいかわからない」という問いの中には、「子どもが何を身につけたら、いちばん成功するだろうか」という親心が含まれているのだと思います。しかし実際には、「この言語さえ覚えておけば、将来にわたって仕事に困らない」「将来、何かしら儲かるサービスを作れる」という特定のプログラミング言語はないのです。

ＩＴの世界、プログラミングの世界は日進月歩。今プログラマーたちが注目して利用しているプログラミング言語も、１年経ったら変わってしまいます。５年経ったら、大昔の石器時代の話になるといっても大げさではありません。

例えば、今iPhoneアプリで一儲けしたかったら何を学べばいいの?と思ったとします。２０１５年1月時点でいえるのはおよそ次のようなことです。少し専門用語が入り乱れますが、細かい内容は気にせず、その日進月歩ぶりを味わうつもりで読んでみてください。

まず、過去の情報や集合知がいっぱいあるのはObjective-Cです……といいたいところですが、２０１４年夏に新しい言語Swiftが出てきました。たぶん今年にはSwiftで書かれたアプリがもっと増えるでしょう。プログラミング言語マニアの間でもSwift自体の可能性が注目されています。

その一方で、激しく3Dでグリグリ動かすゲームでなければ、あるいは普通のアプリで良ければ、**ハイブリッドアプリ**でしょう。そっちのほうが手っ取り早く作れるし……という流行があります。ハイブリッドアプリというのは、アプリの外側(目に見える部分)だけネイティブ(Objective-CやSwift)で書いて、アプリ本体は**HTML5 + CSS + JavaScript**で書くというやり方です。しかし、このハイブリッドアプリの作り方もここ1、2年でトレンドがものすごく移り変わっています。

「**Apache**《アパッチ》 **Cordova**《コルドバ》 + **jQuery**《ジェイクエリー》 **Mobile**《モバイル》を使うでしょ」。「jQuery Mobileなんて、もう古い。**knockout**《ノックアウト》**.js**《ジェイエス》だ」。「いや、今は**angular**《アンギュラー》**.js**《ジェイエス》がいちばんホット」「なんの、これからは**React**《リアクト》**.js**《ジェイエス》だよ……」。そんな具合で、2014年もいろんなフレームワーク(ソフトウェア開発を効率化する枠組み)が生まれました。話題にもなっています。しかし2015年、2016年は誰にもわからない。そんな世界なのです。

これはiPhoneに限らず、アンドロイドでも同様です。

アンドロイドはJavaで開発されることが多く、Javaは様々な場面で使われる言語なので学ぶにはもってこいかもしれません。しかし近年、グーグル謹製の言語「Go《ゴー》」で開発する素地も整いつつあります。広く使われてきた「Eclipse《エクリプス》」の代わりとなる開発環境「Android《アンドロイド》 Studio《スタジオ》」も２０１４年12月にリリースされ、慌ただしくなってきました。

このように、どれか一つの言語を学んだらそれで安泰などという世界ではないのです。ウェブブラウザー上で動く言語、JavaScriptにしてもそうです。JavaScriptは、例えばGoogle Mapのようなウェブアプリケーションを作り上げるのに大きな役割を果たす重要な言語です。しかし、同じプログラミング言語なのに、15年前に学んだきりな人のプログラムコードと、最近学んだ人のプログラムコードでは、「これは同じ言語で書かれているのか？」というくらい、まったくの別物です。

それだけ、新しい言語やトレンドが日進月歩で生まれて、同じ言語でもコードの書き方やマナーが変わります。最新情報を追いかけ、学ぶことをやめてしまったらそれで終わりなのです。一つのプログラミング言語だけでどうにかなる時代は、はるか昔に消えました。今は、どんな新しい言語でも少し勉強したらそこそこ使いこなせないと話にならない時代なのです。だからこそ、プログラミングの基礎や概念を理解することはとても重要です。

プログラミング言語を学ぶことは、ある特定のプログラミング言語の文法を学ぶ、ということではありません。プログラミングの概念そのものをどれだけ深く理解するかということです。そうなると、言語が何かはほとんど関係なくなります。

Scratchがもてはやされているのは、Scratchがとてつもなくすばらしい言語だからではありません。そのあとどんな言語を学ぶとしても、どんな言語にも共通するようなエッセンスが過不足なく入っているから。ブロックプログラミングでハードルが低いから。そして、使っている人が多くてたくさんの事例やノウハウがインターネット上にあふれているからなのです。

第5章の最後で「現在の技術やノウハウがそのまま5年後、10年後に使える保証はどこにもありません」と書いた裏には、そんな意図が詰まっています。

プログラムを扱う職業について

子どもは、やがて社会に出てなんらかの職業に就くでしょう。世の中には、プログラムを扱う職業がたくさんあります。繰り返しになりますが、プログラミングの基礎を教えるのは、決して子どもをプログラマーにするためではありません。しかし、知識としてプログラムを扱う職業について概要を知っておいてもいいでしょう。

プログラミングを職業とする「プログラマー」には、単に給料を得る手段としてプログラムを書く人と、仕事とは関係なく趣味でもプログラムを書く人の2タイプがいます。

実際にプログラマーの世界では、仕事は仕事として定時に行う一方で、帰宅後や休日に好奇心あふれる「趣味」としてプログラミングに没頭する人が多数います。また、仕事とは別に、休日にプログラミング勉強会や懇親会に参加し、最新技術の情報収集に当たる人もいます。それは結局、仕事のためにもなります。プログラミングで悩んで手詰まりにならないために、日頃からいろいろ試して理解を深めることで、常に間口を広く、手数を多くしておくのです。新しいアイデアを生むための準備というわけです。

仕事も趣味もプログラミング。1日の大半、暇さえあればコンピューターと向かい合ってプログラムを書いたり読んだりする人は、実は皆さんが想像するよりたくさんいます。そんな、公私混同気味にプログラミングの魅力に取り憑かれている人たちは、ただ仕事として決められた通りにプログラム書きをこなす人よりも当然、プログラミング能力が優れています。

その一方で、プログラムを書くこと自体を職業にしていなくても、道具としてプログラミングを扱う人が大勢います。わかりやすく説明しましょう。
例えば、数学者が計算をしたり、物理学者が現象のシミュレーションを行ったりすると
き、プログラムは便利な道具です。紙の上で行うよりも正確に複雑な計算を短時間で実行
でき、シミュレーション結果を画面上でわかりやすく表示できます。
株取引をしている人の中には、株価や為替の変動を予測して売買に役立てようと、自ら
予測プログラムを書く人もいます。
クラブのDJがかける音楽や踊るお客に合わせて大型スクリーンに映像をリアルタイム
で流すVJ（ビデオジョッキー）も、最近ではプログラムを使って映像を作ります。アルゴ
リズムを使って作曲したり、楽曲をプログラミングすることで演奏するアーティストも珍
しくありません。
最近話題の「プロジェクションマッピング」（建造物の表面に映像を映すアート）などもV
Jと同様にプログラムを駆使していますし、「インタラクティブアート」と呼ばれる、観
客や参加者も参加できるアートでも、もちろんプログラムが使われています。
これらの人たちは、決して自らのことを「プログラマー」や「エンジニア」とは呼ばな
いでしょう。あくまで「数学者」「物理学者」「トレーダー」「VJ」「作曲家」「ミュージ

シャン」「メディアアーティスト」であり、各仕事の目的を実現する道具として「プログラム」を作り、使いこなしているのです。

すでにプログラムは、コンピューター科学者のためだけの特別なものではなく、誰もが使える道具へと変わりました。

もう一つ、プログラムを道具として使うだけではなく、「道具そのものの良さ・悪さ」について考える人がいます。道具を最大限有効に活用する方法を探求し、道具そのものを改良・改善することに熱意を持つ人です。中には、既存の道具(＝プログラミング言語)に飽き足らず、新しいプログラミング言語を自分で作ってしまう人もいます。そのような情熱を持ったプログラマー・エンジニアやハッカー(深いコンピューター知識・技術を持つ人)たちのおかげで、プログラミング言語の種類は多様性を持って今も発展しています。様々な目的や分野に合わせ、便利な道具としてのプログラムがより多くの人の手に渡るようになってきたのです。

プログラミングを極めた人の考え方

プログラマーの中には、プログラミング能力だけで勝負できる人がいます。卓越した発想力と人並み外れた集中力で、あっという間にすばらしいコードを書き、その存在がプログラマー界隈で尊敬される人です。そういう人をプログラミング・エンジニアリングの世界では、敬意を込めて「ハッカー」あるいは「ウィザード」、「グル」と呼びます。標準的なプログラマーが100人、1000人で束になって挑んでもまったく太刀打ちできないような、歴史に名を残す天才肌の人々です。

その中の一人、「Perl《パール》」というプログラミング言語を開発した天才ハッカー、ラリー・ウォールが『プログラミングPerl』(オライリー・ジャパン刊)という技術書の中で挙げた、有名な「プログラマー三大美徳」があります。

・無精《ぶしょう》(laziness)
・短気(impatience)
・傲慢《ごうまん》(hubris)

「これのどこが美徳!?」と思われるかもしれませんが、それぞれに注があり、読むと少し納得できるはずです。

「無精」とは、「全体の労力を減らすべく最大限の努力を惜しまない気質」を指します。

単純な繰り返し作業を延々とやるのはつまらないし面倒だ。もっと効率化できないか、と常に考え続ける態度こそ、効率的なプログラミングを生む原動力なのです。興味のない対象には見向きもしない一方で、知的好奇心を刺激する問題には寝食を忘れて没頭し、目覚ましい成果を挙げてしまう、そんな人が向いています。

「短気」とは、「コンピューターがだらしないと思って怒りを覚えること」を指します。今実現したいことはプログラムに書いたけれども、ちょっと違う問題に対応しようとしたら、またプログラムを直さないといけない。そんな柔軟性のなさにはイライラする。だったら、今後起こりうる問題にも柔軟に対応できるようなプログラムにしておこう。この考えが「効率的なプログラム」「美しいプログラム」を生む原動力になります。

「傲慢」とは、「自分の書いたプログラムに対して他人にケチをつけられたくない、という強すぎるプライド」を指します。自分の書いたプログラムには誇りがある。だから、誰に見られても文句を言わせないくらい完璧に作りたい。そして自分の書いたプログラムはすばらしいのだから、みんなに長く使ってもらいたい。そのために保守をやり続ける。その原動力になります。

これらすべてを備える人こそが、ラリー・ウォールのいうハッカー(プログラマー)なのです。いつ、いかなる分野であっても、「常に強い好奇心を持ち続け、自ら探求し、よりよい解決方法を探し続けることに没頭し、自らの成果を世に問い続ける人は強い」というわけです。

誰だってプログラミングの世界に飛び込める

今や日常生活のあらゆる側面で、大なり小なりコンピューターがかかわっています。農業でも、伝統工芸でも、スポーツの世界でも、コンピューターは便利な道具として積極的に使われています。また、プログラミングを通じて学ぶことのできる、論理的な思考能力、忍耐力、モノ作りの楽しさといったものは、いかなる活動、いかなる仕事にも共通して必要とされるものです。

私たちがコンピューターや、コンピューターを内蔵する各種機器を「使う」ということは、それをプログラミングした人の世界を体験し、利用するということです。

プログラミングを学ぶことで、初めてその世界をより深く知り、理解できるようになります。そして、人が作ったものをそのまま使うだけではなく、自分の考えを反映したもののを「作る」ことが可能になるのです。

もちろん、誰もが天才的なエンジニア、プログラマー、ハッカーになれるわけではありません。しかしそれは、誰もが大リーグ選手になれるわけではない、誰もがJリーガーになれるわけではない、誰もがトップ10のプロテニス選手になれるわけではない、といったことと同じなのです。

それでも、ただ観戦するだけより、自分でプレーしたほうが、より多くのことを学べます。観戦の楽しみも増えます。

そして、町のリトルリーグチームやサッカーチーム、テニススクールのように、プレーを学んだり教え合ったりする環境も揃っています。プログラミングの世界でも同じことがいえるのです。

プログラミングは決して閉鎖的でハードルの高いものではありません。子どもも大人も、少しでも興味があれば気軽に体験し、入門できます。こんな楽しくてワクワクする世界にまったく触れずに日々を過ごすのは、もったいないことだと思いませんか?

【おわりに】　プログラミングは大きな可能性を開く扉

最近、「技術的特異点」（シンギュラリティー）という言葉がＩＴ系メディアなどを中心に注目されています。計算機科学者でありＳＦ作家でもあるヴァーナー・ヴィンジと発明家・未来学者のレイ・カーツワイルが提唱した概念です。

今後30年以内に、我々は人間を超える「超人的な」知能を生み出す、技術的な方法を手にするだろう。その直後、人類の時代は終わりを告げることになる。人類による技術開発がこのまま進んでいくと、ある時点でコンピューターの「知能」が人間を超え、コンピューターが人類の叡智をも超えたコンピューターを自ら作りはじめる。もはや今までの技術の進歩とはまったく異なった世界、人間の頭脳では予測不可能な未来が始まる、というのです。ヴィンジとカーツワイルはその「特異点」を２０４５年と予測しています。

まるでＳＦ小説のような未来の話と思うかもしれません。過去にも似た意見は出されていましたが、今回は技術者や学者の間でも、比較的真剣に受け止められています。

キーワードの一つは「ビッグデータ」です。こちらも最近よく目にすると思います。ユーザーの購入履歴や行動履歴などを大量に集めてコンピューターに処理させることで、人間が思いもよらなかった関連を見つけ、製品開発やサービスに活かそう、というものです。このビッグデータ解析では「自然言語処理」「機械学習」「画像認識」「統計処理」などのプログラミング技術がふんだんに使われています。

今までは人間にしかできないと考えられていた仕事が、コンピューターに取って代わられる時代が目前に迫っている。私たちはそんな時代に直面しているのかもしれません。

２０１３年9月に「雇用の未来：職業がコンピューターによって受ける影響」という論文がオックスフォード大学で発表されました。コンピューターは従来、単純な繰り返し・定型作業だけに使われていたが、パターン認識・ビッグデータ解析などの技術の進歩にともない、現在のアメリカの全雇用のうち47％が20年以内にコンピューターによって置き換えられるリスクが高い、という衝撃の内容でした。

単にコンピューターを「使うだけ」の立場、あるいはコンピューターに「使われる」側に甘んじるわけにはいきません。コンピューターを操る知識をどうやって組み合わせ、どうやって積み上げ、新しい価値を発見できるか。今こそ、そうしたノウハウの価値が高まっているのです。そのために、コンピューターを思いのままに動かす「プログラミング」

という方法を知り、理解することは、とても意味があります。

プログラミングの世界に飛び込むのに年齢制限はありません。プログラミングがもたらす可能性に気づいた人、おもしろそうだと感性を刺激された人は、子どもであれ大人であれ、今すぐ飛び込むべきです。本書の書名は『子どもを億万長者にしたければ～』となっていますが、億万長者になれるかは、本人の頑張り次第です。運もあるでしょう。ただ、激変する未来を生き抜く力にきっとなるはずです。

とりわけ、純粋な心を持ち、既成概念にとらわれず自由に発想する子どもたちにとって、「プログラミング」は大人が考える以上に無限の知的可能性を秘めた遊び道具です。存分に自らの創造性を引き出し、プログラミング技術や思考法を身にまとって、未来を切り拓いていってほしいと思います。

ほかの人が何をしようとしているかなんて、気にする必要はない。
未来を予測する最良の方法は、自分で未来を創り出すことだ。
本当に有能な人は、適切な予算さえあれば、
ニュートンの法則を破らない範囲で何でも実現できる。

1971年にこう書いたのは、プログラミング言語Smalltalk《スモールトーク》を設計したパーソナルコンピューターの父、アラン・ケイでした。

使い手にとどまるだけではなく、自ら作り手に回ったほうが楽しい。世界中の全員が「本当に有能な作り手」にはなれないかもしれないけど、作る楽しさをみんなで共有したい。それが世界全体を変えなくても、自分自身や家族、身の回りを変えることができるかもしれない。使い手から作り手へ。プログラミングは大きな可能性を開く扉なのです。

最後になりましたが、本書の執筆にあたり、多くの方の協力をいただきました。本書の一部は、私がデジタルハリウッド大学大学院のオムニバス講義でゲスト講師を務めた際に作成した資料をもとにしています。その機会を与えてくださった客員教授の橋本昌嗣さん。CA Tech Kidsでの取材を快く受け入れ、丁寧に説明をしてくださった、上野朝大さんと鈴木拓さん。最終原稿では触れられませんでしたが、建築とプログラミングについての類似点・相違点に関して貴重なコメントをくださった、建築士の安井祥人さん。執筆開始前後に様々な相談に乗っていただいた、長崎聡子さん、竹村朗さん、福田弥さんとエディー・ランズバーグさん。情報教育の専門家の立場で助言をくださった畿央大学教育学部教授の西端律子さん。皆さん本当にありがとうございます。

そして、著者として私に白羽の矢を立ててくれ、一瞬気絶するほどキャッチーなタイトルを与えて悩ませてくれたり、力が入りすぎて論文のように長くなってしまった原稿を見事に所定のページ数に編集してくれた新 淳一さん。あなたのサポートがなければこの本は完成できなかったでしょう。本当に感謝しています。

娘の幼稚園の送り迎え時や公園などで遊んだり話したりしてくれた、たくさんの小さなおともだち。みんなから毎日のようにたくさんの刺激や発見をもらったことは、今回の執筆に間接的に大きな影響となりました。みんな、ほんとにありがとう。

最後に、私をいつも支えてくれている家族にありがとうの気持ちを伝えます。忙しい日々の中、原稿に、そして私にと、さりげなくダメ出しをしてくれた妻。愛情表現と解釈しておきます。そして、0歳のときから共に歩み、あらゆる刺激や生きる活力、やる気を与え続けてくれ、本書執筆時にも初心者向けプログラミング言語やロボット環境で遊んでくれた7歳の娘。これからも、プログラミングで一緒に遊んでいきましょう。

れた。使い捨ての小さなプログラムから大規模なウェブアプリケーションまで、欧米を中心に多くのユーザーに使われている。

Ruby（ルビー）

まつもとひろゆき氏が「ストレスなくプログラミングを楽しむ」ため、1993年より開発開始、1995年に発表した日本発の言語。Perlを意識しながらも最初からオブジェクト指向プログラミング言語として開発。今では世界中に愛用者がいる。

2005年、Rubyを使ってウェブアプリケーションをより簡単に開発できるフレームワーク「Ruby on Rails」をデヴィッド・ヘイマール・ハンソンが発表し、爆発的にヒット。その土台であるRuby自体も世界で注目された。有名なレシピサイト「クックパッド」を筆頭に、数多くのウェブサイトやウェブアプリケーションがRuby on Railsで開発された。

Smalltalk（スモールトーク）

ノルウェー計算機センターで生まれた「Simula」、前述の「LOGO」などに影響を受け、パーソナルコンピューターの父、アラン・ケイが1972年から開発した。

子どもでも使え、自由にプログラミングできる理想のパーソナルコンピューター（ケイは「ダイナブック」と提唱）を開発するためにSmalltalkが使われ、現在のパソコンの礎が築かれた。このSmalltalk環境は、現代の子ども向けプログラミング言語にも深く関係している。

同時にSmalltalkによって広く知られることとなったオブジェクト指向というプログラミングの考え方は、形や理念を変えながらC++、Objective-C、Python、Ruby、Java、JavaScriptなど、後発の多くの言語に影響を与えた。また、LISP方言のCommon Lispでオブジェクト指向が導入されたり、Perlも1994年のバージョン5.0からオブジェクト指向に対応するなどしている。

SuperCollider（スーパーコライダー）

アルゴリズムを使って作曲するための言語。シンセサイザーをプログラミングするように、アルゴリズムにより曲を書いていく。曲をリアルタイムでプログラミングしながら、音楽を鳴らせる。その場でプログラムを書き換えることで曲を変化させるなど、インタラクティブアートのような表現も可能。多くの現代ミュージシャンに愛用されている。

機械語／アセンブリ言語

機械語はコンピューターの頭脳であるCPUが直接理解できる唯一のプログラミング言語。コンピューター誕生と同時に生まれた。

アセンブリ言語は、それを少しでも人間が読みやすくなるように数字を文字に置き換えたもの。現在では使われる機会が減ったが、家電や機械の組み込みシステムなど、小さなハードウェア用に限られたメモリーで書くプログラム、CPUの持つ特殊な性能を最大限引き出したい部分のプログラムなど、一部の特殊な目的で使われる。

言語」と呼ばれ、一連の動作を命令の列として記述、それらをまとめたものを構造的に組み合わせ積み重ねて作っていく。一方、LISPは「関数型言語」と呼ばれ、数学の世界でいう「関数」をプログラムで宣言(定義)していくことで、大きなプログラムを作っていく。

LISPも息の長い言語だが、そのアイデアは「Common Lisp」や「Scheme」といったLISPの方言はもとより、「LOGO」や「Smalltalk」などの後続の言語、また多くの手続き型言語にも影響を与えた。

LOGO(ロゴ)

LISPを原型として1967年に登場。8歳から12歳の子どもを対象にした教育用プログラミング言語。画面上のタートル(亀)を操縦するかのように描画するのが有名で、のちの教育用プログラミング言語でオマージュとして登場することも。

数多くの実装や方言が生まれており、第5章で紹介した「ドリトル」もその一つといえる。

Objective-C(オブジェクティブシー)

1983年、C言語の上に、オブジェクト指向の記述が可能なように拡張を施したのがObjective-C。アップル社を離れたスティーブ・ジョブズがNeXT社を立ち上げた際、NeXTコンピューター開発の主要言語として取り入れてから知名度が上がった。現在ではMac OS XやiOSの主要開発言語として多くのアプリ開発者に使われている。

Pascal(パスカル)

1970年にプログラミング教育用に開発。かつてMacintoshのOSとアプリはPascalで開発されていた。1980年代にボーランドが発売したTurbo Pascalの効果もあり、一世を風靡。多くのホビープログラマーに愛用された。のちにPascalを拡張し、オブジェクト指向などに対応したDelphiという言語に。Delphiは今でもWindowsソフト開発でよく使われる。

Perl(パール)

第6章で紹介したラリー・ウォールが1987年に発表。簡単なプログラムを書いてテキストを処理したりするのに便利な言語。様々な機能を追加できるモジュールが大量に流通している。特にインターネット普及期にはウェブサイト上で動くプログラムを書くためによく使われた。現在もオブジェクト指向などを取り入れて進化中。

Processing(プロセシング)

コンピューターアートやビジュアルデザインのために作られたプログラミング言語。Javaをもとに作られたが、試行錯誤しながら結果をすぐに画面で見られるインタラクティブ性などには、LOGOの影響が見られる。教育用プログラミング言語としての側面があるほか、多くのアーティストによりインタラクティブアート制作に使われる。

Python(パイソン)

1991年に発表。Perl同様に大量の便利なライブラリが使えるほか、当初からオブジェクト指向を意識して開発。コードの読みやすさを最優先に開発さ

Erlang（アーラン）

1986年に登場。並行処理（複数の計算を同時並行してコンピューター上で行い、互いが関連し合う）や分散処理（異なるコンピューター上で分散して行う計算を連携させる）が特徴。一時、Twitterのシステムに採用する動きがあったが、結局Erlangに影響を受けた2003年生まれのScalaが採用された。

FORTRAN（フォートラン）

数学者ジョン・バッカスが率いるチームが1957年に発表。数値計算、特に科学技術計算に便利なライブラリが充実。現在でもスーパーコンピューターの世界などで根強く使われる。地球温暖化や地殻変動など、地球規模のシミュレーションを行う「地球シミュレーター」のプログラム開発にも。過去何十年間にもわたって利用されてきたFORTRANのプログラムがたくさんあるため、今でも使い続けられている側面がある。

様々なプログラミング言語のアイデアを取り入れて改良され、最新のバージョンがFORTRAN 2015として間もなくリリースされる予定。

Java（ジャバ）

1990年、サン・マイクロシステムズがCやC++に代わる言語として開発開始。SmalltalkやObjective-Cのオブジェクト指向を取り入れ、1995年に公開。Java仮想マシン上で動き、異なるコンピューターや異なるOS上でも動くプログラムを作れる。当初からネットワーク用ライブラリが充実しており、インターネットの普及と合わせるように一気に市民権を獲得。

仮想マシンとは、コンピューターの中であたかも別のコンピューターが動いているかのように動作するプログラムのこと。ソフトウェアによって、ハードウェアの動きを完全にエミュレート（模倣）する。Javaでは、様々なコンピューター上で動く仮想マシンを用意。WindowsでもMac OS XでもLinuxでも、携帯電話や家電などの組み込み機器、サーバー、果てはスーパーコンピューターでも、基本的に同じプログラムが動作し、幅広い分野で使われる。

JavaScript（ジャバスクリプト）

ウェブブラウザー上で動くプログラミング言語として1995年に登場。ウェブサイトを閲覧する際、JavaScriptで書かれたプログラムが同時に読み込まれ、実行される。例えばGoogle Mapでブラウザー内の地図をズームイン／アウトしたり、ドラッグして地図を動かせるのはJavaScriptのおかげ。

ウェブページを記述する際に使われるHTMLをブラウザー側で自由に操作したり、サーバー側と通信を行ってウェブブラウザー内の表示を自由に変えたりできるなど、ウェブアプリケーションを作り上げるのに大きな役割を果たす。現在はブラウザー上だけではなく、サーバー側の様々なアプリケーションを書くためにも使われる。Node.jsという環境が有名。

LISP（リスプ）

1958年、計算機科学者・認知科学者であるジョン・マッカーシーが設計したLISP言語は、人工知能の研究から誕生した。他言語の多くは「手続き型

付録
主なプログラミング言語

Ada（エイダ）

アメリカ合衆国国防総省の競争入札により採用された言語。1983年に登場。民間飛行機や戦闘機の制御用プログラムはAdaで書かれているといわれる。Adaという名前は、ラブレース伯爵夫人オーガスタ・エイダ・キングに由来。一説では数学者チャールズ・バベッジが発明した世界初の機械式汎用コンピューターのプログラムを書いたとされる女性で、諸説あるものの「世界初のコンピュータープログラマー」といわれる。

ALGOL（アルゴル）

計算機科学者がアルゴリズムの研究、開発を行うため、1958年に登場。実際の製品開発などに普及することはなかったが、プログラミングやアルゴリズムに関する論文、教科書などで、アルゴリズムの表記方法として長らく使われてきた。

ブロックを使った構造、のちのプログラミング言語で重要となる「スコープ」の概念などがALGOLによって初めて登場。後続のプログラミング言語に多大な影響を与えた。今でも多くのプログラミング言語が「ALGOL風言語」と呼ばれる。

BASIC（ベーシック）

FORTRANの影響を受けて1964年に開発。コンピューター教育用に生み出された。1970年代～1980年代のマイコンブームの時代に多くのコンピューターで標準的なプログラミング言語として大人気を博す。現在もWindowsソフト開発に使うVisual BasicはBASICの末裔。

C（シー）

1972年、ケン・トンプソンとともにUNIXというOSを開発していたデニス・リッチーが、同OSをプログラミングするために自ら開発。プログラミング言語を書くためのプログラミング言語としても広く使われている。

OSを書くためにハードウェア寄りの記述もできるよう、アセンブリ言語を埋め込んだ記述も可能。ホビープログラマーから職業プログラマーまで、多くの人に愛用されてきた。小さな組み込みコンピューターから大型コンピューターまで、今でも様々な場面で活躍する。C++、C#、Objective-Cなど、Cをもとに拡張されたプログラミング言語も人気が高い。

COBOL（コボル）

給与計算や経理計算、文字の処理や並べ替え、帳票出力などに便利な機能が満載の言語として1959年に誕生。事務処理員などプログラミングの専門家でなくてもプログラムを書けるように、自然言語（英語）に近い命令や文法での表記を採用する。

汎用的なプログラミング言語としては欠点が多いと指摘されるが、FORTRAN同様何十年も使われ続けている。ほかのプログラミング言語のアイデアを取り込んで改良され、最新版「COBOL 2014」も登場。

- 中学校学習指導要領解説　技術・家庭編, 文部科学省, 2008
  http://www.mext.go.jp/component/a_menu/education/micro_detail/__icsFiles/afieldfile/2011/01/05/1234912_011_1.pdf
- 中学校技術・家庭〔技術分野〕の学習内容を相互に関連付ける指導の在り方——プログラムによる計測・制御を題材とした教材開発を通して——, 広島県立教育センター 教育情報部 指導主事 政宗賢治, 2010
  http://www.hiroshima-c.ed.jp/web/publish/ki/pdf1/kk38/gijilyutu.pdf
- 新学習指導要領に対応する教員研修内容の提案：プログラムによる計測・制御に焦点を当てて, 埼玉大学 教育学部 山本利一, 本村猛能, 2011
  http://sucra.saitama-u.ac.jp/modules/xoonips/download.php?file_id=24640
- 日本再興戦略 - JAPAN is BACK -
  http://www.kantei.go.jp/jp/singi/keizaisaisei/pdf/saikou_jpn.pdf
- 「日本再興戦略」改訂2014—未来への挑戦—
  http://www.kantei.go.jp/jp/singi/keizaisaisei/pdf/honbun2JP.pdf
- 「日本再興戦略」の改訂について（中短期工程表素案）
  http://www.kantei.go.jp/jp/singi/keizaisaisei/skkkaigi/dai17/siryou3.pdf
- Raspberry Piを一人1台提供した小学校も登場、どこまで広がる？　プログラミング学習
  http://itpro.nikkeibp.co.jp/atcl/news/14/071800145/
- 円周率.jp:コンピュータ計算の記録
  http://円周率.jp/history/computer.html
- 『数学セミナー』第8巻 第10号 pp.16-18, 日本評論社
- EDSAC 1951
  http://bit.ly/1HDTK6J（YouTube）
- コンピュータサイエンスアンプラグド（日本語版）
  http://csunplugged.jp/
- 『プログラミングPerl 第3版』VOLUME1・2, ラリー・ウォール, オライリー・ジャパン
- The Coming Technological Singularity: How to Survive in the Post-Human Era（Vernor Vinge, 1993）
  https://www-rohan.sdsu.edu/faculty/vinge/misc/singularity.html
- The Future of Employment: How Susceptible are Jobs to Computerisation?（C.B. Frey - M.A. Osborne, Oxford University, 2013年9月13日）
  http://www.oxfordmartin.ox.ac.uk/downloads/academic/The_Future_of_Employment.pdf
- The Full Alan Kay Quote（1971）
  http://www.smalltalk.org/alankay.html

参考文献／参考サイト

- President Obama asks America to learn computer science, YouTube, Code.org
  https://www.youtube.com/watch?v=6XvmhE1J9PY
- Steve Jobs on programming, craftsmanship, software, and the Web, ars technica, Chris Foresman, 2012年7月8日
  http://arstechnica.com/apple/2012/07/steve-jobs-on-programming-craftsmanship-software-and-the-web/
- Forbes 400
  http://www.forbes.com/forbes-400/
- ICT産業の「革新」とグローバル展開, 総務省, 平成25年
  http://www.soumu.go.jp/johotsusintokei/whitepaper/ja/h25/html/nc112140.html
- 情報の新しい流れをつくりたい-東大のエンジニア集団が立ち上げた次世代のマガジンサービスGunosy（グノシー）
  http://thebridge.jp/2012/06/interview_gunosy
- ニュースアプリのグノシーがKDDIから資金調達─海外拡大
  http://www.bloomberg.co.jp/news/123-N7CHZX6S972I01.html
- スマートニュースがグリー、Atomico、ミクシィなどから約36億円の資金調達
  http://jp.techcrunch.com/2014/08/08/jp20140808smartnews-funding/
- どのようにしてLINEは生まれたのか──世界規模で利用が拡がる日本発アプリ「LINE」を生み出したチーム（サイボウズ式, 野本纏花, 2012年11月7日）
  http://cybozushiki.cybozu.co.jp/?p=4293
- 南場智子さん「プログラミング教育で日本からザッカーバーグを」【DeNA創業者】, The Huffington Post, Kosuke Takahashi, 2014年11月16日
  http://www.huffingtonpost.jp/2014/11/15/tomoko-namba-dena-interview_n_6163592.html
- 「必須科目にプログラミングを」楽天・三木谷社長, 日本経済新聞, 2013年4月7日
  http://www.nikkei.com/article/DGXNZO53689870X00C13A4SHA000/
- 「日本のIT業界にもエンジニア思考の経営者を」サイバーエージェントが小学生向けプログラミング教室を始めた理由, 週刊ダイヤモンド, 清水量介, 2014年2月28日
  http://diamond.jp/articles/-/49473
- 坂村健の目:プログラミング教育、10の理由, 毎日新聞, 坂村健, 2014年11月20日
  http://mainichi.jp/shimen/news/20141120ddm013070022000c.html
- いまどきの高校生アプリと"IoT" 遠藤 諭, The Huffington Post, 2014年11月10日
  http://www.huffingtonpost.jp/satoshi-endo/smartphone_b_6130514.html
- National curriculum in England: computing programmes of study Department for Education, 2013年9月11日
  https://www.gov.uk/government/publications/national-curriculum-in-england-computing-programmes-of-study
- 情報処理学会　情報処理教育委員会シンポジウム2005、情報処理学会初等中等教育委員会 高校教科「情報」の現状と将来
  http://sigps.eplang.jp/
- 高等学校における情報科の現状と課題、国立国会図書館、ISSUE BRIEF 604、2008
  http://www.ndl.go.jp/jp/diet/publication/issue/0604.pdf

松林弘治（まつばやし・こうじ）

1970年生まれ。大阪大学大学院基礎工学研究科博士後期課程中退。龍谷大学理工学部助手、レッドハットを経て、ヴァインカーブにてコンサルティング、カスタムシステムの開発・構築、オープンソースに関する研究開発、書籍・原稿の執筆などを行う。2014年からフリー。Vine Linuxの開発団体Project Vine副代表。ボランティアで写真アプリ「インスタグラム」の日本語化に貢献。監訳に『ファイルメーカーWeb パブリッシング FileMaker API for PHP コンプリートガイド』（アスキー）など。音楽とクルマとテニスと焼酎をこよなく愛する一児の父。

子どもを億万長者にしたければ
プログラミングの基礎を教えなさい

2015年2月20日　初版第1刷発行

著　者　　松林弘治
発行者　　三坂泰二
編集長　　江守敦史
発行所　　株式会社KADOKAWA
〒102-8177　東京都千代田区富士見2-13-3
0570-002-301（営業）
年末年始を除く平日10:00〜18:00まで

編　集　　メディアファクトリー
0570-002-001（カスタマーサポートセンター）
年末年始を除く平日10:00〜18:00まで

印刷・製本　サンケイ総合印刷株式会社

ISBN 978-4-04-067378-3 C2034

Printed in Japan
http://www.kadokawa.co.jp/